DUFTGÄRTEN

Pflanzen für jede Jahreszeit

DUFTGÄRTEN

Pflanzen für jede Jahreszeit

Steve & Val Bradley

mit Fotografien von Andrea Jones

Dorling Kindersley

INHALT

1

Auf der Suche nach dem Duft

2

Der eigene Duftgarten

3

Der Duftgarten im Frühling

INHALT

Der Duftgarten im Sommer

Der Duftgarten im Herbst

Der Duftgarten im Winter

Einleitung

Duft entsteht durch die Verdunstung der ätherischen Öle in Blättern und Blüten – aber Duft ist viel mehr als ein chemischer Vorgang. Der Duft einer Pflanze oder das Aroma eines Blattes kann die Stimmung heben und das Herz erfreuen. Ob im Sommer Geißblatt und Rosen eine romantisch verborgene Gartenbank umhüllen oder in der kalten Jahreszeit Winterblüte und Winter-Jasmin eine Tür flankieren: Für jede Jahreszeit gibt es Pflanzen, die den Garten zum sinnlichen Dufterlebnis werden lassen.

Vielfalt der Düfte

Duftpflanzen machen den Aufenthalt im Garten zu einem sinnlichen, angenehmen Erlebnis. Pflanzen unterscheiden sich nicht nur im Wuchs oder in der Größe, Farbe und Form ihrer Blüten, sondern auch in ihrem Duft. Der Gärtner kann also ganz nach Geschmack zwischen schweren, intensiven oder zarten, subtilen Düften wählen. Wer blumige Noten schätzt, entscheidet sich vermutlich für die schwere Süße von Hyazinthen (*Hyacinthus*) oder Maiglöckchen (*Convallaria majalis*). Liebhaber von herb-frischen Kräuterdüften ziehen dagegen das harzige Aroma von Rosmarin (*Rosmarinus officinalis*) oder den anregenden Geruch von Schnittlauch (*Allium schoenoprasum*) vor.

Im Freien leben

Das Leben im Freien hat für viele Menschen einen hohen Stellenwert und gewinnt zunehmend an Bedeutung. Hatte man einst einen Zier- oder Nutzgarten, so erwarten wir nun mehr: Wir wollen im Garten sitzen, feiern, essen, und die Kindern sollen auch Platz zum Spielen haben. Bei guter Planung wird ein Garten all diesen Anforderungen gerecht und bietet faszinierende Dufterlebnisse. In einem großen Garten kann man eine Duftpflanze als Solitär pflanzen, sodass sie allein durch ihre Position die Aufmerksamkeit auf sich zieht. In einem kleinen Garten oder auf der Terrasse kommt sie als Kübelpflanze zur Geltung, indem man sie jeweils an den Platz rückt, wo sie optimal wahrgenommen wird – vielleicht neben eine häufig benutzte Tür, unter ein Fenster, das regelmäßig offen steht, oder nahe dem Essplatz, sodass auch Gäste den Duft genießen können.

Duft und Insekten

Duftpflanzen ziehen Insekten an. Wer einen naturnahen Garten gestalten möchte, kann sogar durch die Wahl der Pflanzen gezielt bestimmte Insekten anlocken: Bienen und Schmetterlinge bevorzugen süße Düfte wie den von Lavendel (*Lavandula*). Nachtfalter umschwirren vor allem Pflanzen, die am Abend blühen, wie etwa die Nachtlevkoje (*Matthiola bicornis*). Käfer mögen fruchtige Aromen, etwa Zitronenmelisse (*Melissa officinalis*), und Fliegen haben ein Faible für faulig riechende Pflanzen wie die Braunrote Dreizipfellilie (*Trillium erectum*). Vögel reagieren dagegen nicht auf Düfte, sondern auf Farben. Wer beide Aspekte kombinieren will, pflanzt duftende Primeln und Krokusse mit karminroten und goldgelben Blüten.

Nützliche Düfte

Nicht nur im Garten kommt der Duft von Pflanzen vielseitig zur Geltung. Auch im Haushalt können Duftpflanzen auf unterschiedliche Weise verwendet werden, und dafür müssen die Blüten und Blätter nicht einmal frisch sein. Die ätherischen Öle verschiedener Pflanzen werden in der Aromatherapie eingesetzt, weil man annimmt, dass sie eine heilende Wirkung auf Körper und Seele haben. Getrocknete Blüten können für Potpourris und Duftsäckchen verwendet werden oder für Kopfkissen, die Entspannung und Schlaf fördern. Sie eignen sich aber auch als Duftspender für Räume und als natürlicher Mottenschutz in Schränken. Getrocknete Eukalyptusrinde gibt Potpourris eine erfrischende Note, und viele Kräuterblätter lassen sich gut trocknen, sodass man auch im Winter ihre Würz- und Heilkraft nutzen kann. Kräutersträuße am Küchenfenster halten im Sommer Fliegen fern, und wirft man beim Grillen einige duftende Kräuter in die Glut, suchen stechende Insekten das Weite.

*Die Blüten der Seidenpflanze (*Asclepias*) verbreiten im Sommer ihren Duft und locken bestäubende Insekten an.*

Gartenplanung

Dieses Buch möchte Ihnen zeigen, wie Sie mit etwas Planung Ihren Garten das ganze Jahr über in eine Duftoase verwandeln. Im ersten Kapitel geht es um die Geschichte der Duftpflanzen und die Klassifizierung der Düfte. Dann betrachten wir die vielfältigen Einsatzgebiete ätherischer Öle sowie das Ernten und Trocknen der verschiedenen Pflanzenteile. Im zweiten Kapitel lernen Sie die Grundprinzipien der Gartengestaltung kennen und erfahren, dass ein gelungener Duftgarten keine Frage der Grundstücksgröße ist.

Rund ums Jahr

Den Hauptteil des Buches bilden vier Kapitel, die jeweils einer Jahreszeit gewidmet sind. Diese Kapitel enthalten ausführliche Informationen über die besten saisonalen Duftpflanzen und die anfallenden Gartenarbeiten, aber auch über die Auswahl, Vermehrung und Pflege verschiedener Pflanzen. In einzelnen Projekten zeigen

Eine Gartengestaltung mit einem romantischen Teich, der von einer gemischten Pflanzung mit vielen farbigen und duftenden Blüten umgeben ist.

Ihnen übersichtliche Schritt-für-Schritt-Abbildungen, wie Sie mit wenig Aufwand ihren Duftgarten optimal in Szene setzen können. Hier finden Sie Anleitungen für so grundlegende Arbeiten wie die Vermehrung von Duftpflanzen, aber auch für raffinierte Gestaltungsideen, wie etwa einen »Duftweg«.

Pflanzenverzeichnis

Jedes Kapitel schließt mit Porträts der besten Duftpflanzen, die in dieser Zeit blühen – Bäume, Sträucher, Stauden, Einjährige und Zwiebelpflanzen werden darin detailliert beschrieben. Jedes Porträt umfasst ein Foto der Pflanze, eine Beschreibung ihres Aussehens sowie ihres Duftes, ferner Tipps zu Standort, Pflege, Schnitt und Vermehrung.

Kapitel eins

1

AUF DER SUCHE NACH DEM DUFT

AUF DER SUCHE NACH DEM DUFT AUF DER SUCHE NACH DEM DUFT ...

Düfte in der Geschichte

Düfte spielten bereits in den frühen Kulturen eine Rolle und werden von jeher zur Konservierung von Lebensmitteln, in der Heilkunde und für Rituale verwendet. Gewürze wie Zimt und Harze wie Weihrauch sind seit Jahrtausenden als Konservierungsmittel bekannt. In den trocken-heißen Regionen des heutigen Nahen Ostens, einem wichtigen Zentrum früher Hochkulturen, wurden Bäume hoch geschätzt. Ihre Kronen spendeten Menschen und Tieren wertvollen Schatten, und die flüchtigen Öle, die sie in der Hitze abgaben, waren so erfrischend, dass man Zweige schnitt und in die Häuser hängte. Die alten Ägypter destillierten aus Pflanzen Öle und verwendeten diese für duftende Salben, mit denen sie ihre Körper pflegten und Tote einbalsamierten. Das Wort »Parfüm« leitet sich vom lateinischen »per« (durch) und »fumum« (Rauch) ab und weist auf die frühe Bedeutung duftenden Räucherwerks hin.

Der Garten Eden

Im Buch Genesis, dem ersten Buch Mose, wird beschrieben, wie Gott den Garten Eden schuf – ein Paradies auf Erden. Forschungen haben ergeben, dass dieser Garten vermutlich in Babylonien zwischen den Flüssen Euphrat und Tigris zu finden war. Der Fluss, der den Garten bewässerte, floss durch das Land Havilah, in dem es Gold, Onyx und Bdellium gab; Bdellium ist vermutlich der stachelige Strauch *Commiphora myrrha*, aus dem das würzig duftende Harz Myrrhe gewonnen wird. Ehe man Alkohol einsetzte, um die flüchtigen Öle aus Pflanzenteilen zu lösen, war Myrrhe wegen ihres intensiven, anhaltenden Duftes beliebt.

Gewürzhandel

Um 2000 v. Chr. begannen die Ägypter, Handel mit duftenden getrockneten Blättern, Rinden sowie mit Pflanzendestillaten zu treiben, und bald entstanden in Ägypten, Arabien und Palästina Karawanenstraßen. Die wichtigsten Güter waren Myrrhe, Gewürze und ein Balsam, der aus Bäumen gewonnen wurde. Aus ihm entstand Räucherwerk, eine Kaumasse und die Griechen benutzten ihn auch zum Aromatisieren von Getränken. Jericho war ein bedeutendes Zentrum für den Handel mit Zedernholz, das die Ägypter für unvergänglich hielten und deshalb zur Herstellung von Särgen verwendeten. Zedernholzöl war eines der kostbarsten Körperöle. Aus dem Himalaya kam Nardenähre (*Nardostachys grandiflora*) in den Handel, während Arabien Weihrauch lieferte, der fast so begehrt wie Myrrhe war.

Mit der Ausbreitung der Zivilisationen dehnte sich auch der Handel aus, und es wurden neue Pflanzen entdeckt. Die Ägypter tauschten Kupfer und Türkise gegen Sandelholz (*Santalum album*) und verschiedene Bäume, die duftende Harze abgaben. Safran, Aloe, Zimt und Ingwer fanden immer mehr Anhänger, und auch Zierpflanzen wie Lilie (*Lilium*), Lotus (*Nelumbo*) und Seerose (*Nymphaea*) wurden geschätzt. Wurzeln galten als besonders kostbar, weil man sie trocknen und lagern konnte. *Iris germanica* 'Florentina', eine der ältesten dokumentierten Pflanzen, hat Wurzeln mit deutlichem Veilchenduft, der durch die Trocknung noch intensiver wird und schließlich stärker duftet als Veilchen. Die Wurzeln wurden zu Pulver gemahlen und überall dort verwendet, wo Duft erwünscht war.

Die Nachtkerze (Oenothera biennis) *ist für ihre Heilwirkung und ihren süßen Duft bekannt. Besonders wirkungsvoll soll das Öl aus den Samen sein.*

Auch Eroberer trugen zur Verbreitung von Duftpflanzen bei. Die Römer brachten den Ingwer (*Zingiber officinale*) ins kühlere Nordeuropa, wo sie ihn auf Kompostmieten pflanzten und die Rottewärme nutzten. Daneben brachten sie auch Würzkräuter wie Schnittlauch (*Allium schoenoprasum*), Rosmarin (*Rosmarinus officinalis*), Salbei (*Salvia officinalis*) und Thymian (*Thymus*) aus dem warmen Mittelmeerraum in die nördlichen Vorposten des römischen Imperiums.

Der Einsatz von Düften

Die Griechen verwendeten Öle, um Krankheiten abzuwehren und um Wasser zu parfümieren, mit dem sie Möbel besprengten. Gäste ehrten sie, indem sie ihnen duftende Blütengirlanden um den Hals legten. Auch für Bestattungsriten verwendeten sie Blüten und Düfte. Schon der griechische Philosoph und Forscher Theophrastus (ca. 370-287 v. Chr.) verfasste eine Studie über die Wirkung der Düfte. Er nahm an, dass Kräuterumschläge auf den Beinen Mundgeruch bekämpften, da die Essenzen durch die Haut in den Blutkreislauf gelangten.

Die Römer übernahmen viele Duftanwendungen von den Griechen. Echter Safran (*Crocus sativus*) war als Gewürz, Färbemittel und Zutat zu Ölen beliebt. Safran wird aus den getrockneten Stempeln dieses Herbstkrokus gewonnen, der nur bei trocken-heißem Wetter ausreift. Er ist noch heute ein begehrtes Wirtschaftsgut, aber sehr teuer, denn zur Herstellung von 500 g Safran werden etwa 70 000 Blüten benötigt. Reiche Römer demonstrierten ihren Wohlstand, indem sie Safran auf die Fußböden ihrer Villen streuten.

Rosen (*Rosa*), Hyazinthen (*Hyacinthus*), Myrte (*Myrtus*) und Jonquillen (*Narcissus jonquilla*) waren im 7. Jahrhundert in Asien beliebt, wo sich die Begüterten gern mit duftenden Pflanzen umgaben. Der begehrteste Duft dieser Zeit war Moschus. Die Anhänger Mohammeds mischten ihn sogar beim Bau von Moscheen in den Mörtel, damit die Mauern ewig dufteten. Im Koran heißt es, der Boden des Paradiesgartens sei mit Weizenmehl bestreut, das nach Moschus und Safran dufte. Rosen mit Moschusduft wuchsen vor allem in Syrien, wo man aus ihnen Öle und Salben herstellte oder die Blütenblätter in Schalen mit Wasser streute.

Im Hinduismus werden in vielen Ritualen duftende Hölzer, Blüten und Duftstoffe eingesetzt. In Indien stellt man aus Rosen (*Rosa*) und Jasmin (*Jasminum*) duftende Öle her, die seit 1000 v. Chr. im Ayurveda, der traditionellen indischen Medizin, Verwendung finden. In China parfümiert man Tee mit Jasminblüten und hängt an Festtagen duftende Blüten in Häusern und Tempeln auf.

Im Mittelalter

In Europa schmückte man an Festtagen die Kirchen mit Blumen, die zusammen mit Kräutern, Heil- und Gewürzpflanzen in den Klostergärten kultiviert wurden. Häuser und Kirchen hatten damals sehr kleine Fenster und Fußböden aus gestampfter Erde. Um den muffig-feuchten Geruch zu vertreiben, streute man Blüten und Kräuter der jeweiligen Jahreszeit sowie duftende Gräser und Binsen auf den Boden. Kalmus (*Acorus calamus*) war eine der beliebtesten und vielseitigsten Streupflanzen: Die Blätter enthielten ein flüchtiges Öl, die Wurzeln wurden zur Aromatisierung von Wein und Bier benutzt oder getrocknet und gemahlen als Wundpuder verwendet. Kräuter waren als Streumaterial besonders wirkungsvoll, weil sie beim Betreten ihren Duft entfalteten. Zu damaliger Zeit gab es in königlichen Haushalten einen »amtlichen Kräuterstreuer«.

Andere Pflanzen dienten weniger zur Parfümierung als der Abwehr von Insekten. Da frische Binsen als Einstreu Flöhe und andere Insekten anlockten, verbrannte man Scharfes Berufkraut (*Erigeron acris*), um das Ungeziefer zu vertreiben. Weinraute (*Ruta graveolens*) wurde in Krankenzimmern verwendet, um die Infektionsgefahr durch Insekten zu verringern.

Von der Renaissance bis heute

Auch Pomander waren zur Abwehr von Krankheiten beliebt. Im 16. Jahrhundert spickte man getrocknete Orangen oder Zitronen mit Gewürznelken oder legte kleine Schwämme in Schalen mit parfümiertem Essig. Später stellte man durchbrochene Pomander aus Silber her: Sie waren wie Orangen in Segmente gegliedert, die mit einem Scharnier ausgestattet wurden. In jedes Segment konnte ein anderer Duftstoff gefüllt werden.

Ebenfalls zur Zeit der englischen Königin Elisabeth I. war es in Europa Mode, die Möbel mit parfümiertem Wasser zu besprengen. In den großen Häusern wohlhabender Familien wurden Öle aus Blüten und Blättern destilliert und sowohl für die Körperpflege und als Heilmittel als auch in der Küche verwendet. Der Küchengarten lieferte Rosenblüten und verschiedene Kräuter, die frisch und getrocknet verwertet wurden. In Truhen aus duftenden Hölzern wie Sandel-, Wacholder- oder Zedernholz bewahrte man Kleider und Wäsche auf – so wurden diese nicht nur parfümiert, man hielt dadurch auch Ungeziefer fern.

Gewürznelken, Veilchenwurzelpulver, Zitrone sowie Öle aus Thymian und Nardenähre verarbeitete man für Duftwässer und Potpourris, um Räume zu parfümieren. Reisende Händler boten preiswerte Alternativen wie Rosenwurz (*Rhodiola rosea* syn. *Sedum rhodiola*) an. Die Wurzel der Pflanze, die an Mauern und Steilufern wächst, duftet beim Zerreiben nach Rosen. Auch Kugeln aus gehärtetem Kautschuk, die in Jasminöl getaucht wurden, gehörten zu ihrem Angebot.

Sowohl die Griechen als auch die Römer hatten pulverisierte Wurzeln als Puder benutzt, und im 16. Jahrhundert griff man diese Methode wieder auf. Die duftenden Pulver wurden von den Damen als Haarpuder verwendet. Zwischen die Wäsche schob man Stoffbeutel mit Pulver aus Veilchenwurzel oder pulverisierten Kräuterwurzeln. Und weit verbreitet war es auch, getrocknete und zerriebene Kräuter unter den Schnupftabak zu mischen – man nahm an, dass sie das Temperament mäßigten und Erkältungen linderten. Zu Shakespeares Zeit war eine Mischung aus Veilchenwurzel und Kamille (*Chamaemelum nobile*) beliebt.

Die Begeisterung für Parfüm wuchs, als aus der Neuen Welt und anderen neu entdeckten Ländern exotische Düfte nach Europa gelangten. Königin Elisabeth I. beispielsweise erhielt als Geschenk ein Paar Handschuhe, die vermutlich mit Frangipani (*Plumeria*) parfümiert waren. Die Pflanze wächst in Mexiko und Panama und produziert ein Öl, das ähnlich wie Jasmin duftet.

Moderne Zeiten

Im späten 18. Jahrhundert kamen duftende Pflanzen aus der Mode und man entdeckte den Landschaftsgarten, in dem beeindruckende Blickfluchten mehr zählten als Blumenbeete. Im Viktorianischen England erlebten die Blumen noch einmal eine Renaissance – nun standen allerdings statt der Düfte die Farben im Vordergrund. Am Ende des 20. Jahrhunderts erwachte das Interesse an Duftgärten neu. Gleichzeitig fanden alternative Heilweisen wie die Aromatherapie, die duftende Pflanzenextrakte für die Schönheits- und Gesundheitspflege einsetzt, viele Anhänger. Heute gilt der Garten als private Oase, in die man sich vom Stress des Alltags zurückziehen kann, um die dringend benötigte Entspannung zu finden.

Die kommerzielle Bedeutung von Duftpflanzen ist so groß wie nie zuvor. Die Parfümindustrie ist ein bedeutender Wirtschaftszweig. Eines der weltweit größten Anbaugebiete für Duftpflanzen liegt bei der südfranzösischen Stadt Grasse. Hier wird viel Geld in Zuchtprogramme investiert, um resistente Sorten mit höherer Konzentration der begehrten ätherischen Öle zu produzieren.

Im 16. Jahrhundert verwendete man getrocknete Blüten, Beeren, Blätter, Gewürze, Zitrusschalen und Baumrinden für Potpourris. Die Mischungen sollten die unangenehmen Gerüche der Häuser beseitigen.

Was duftet wie?

Düfte wirken auf den Geruchssinn wie Musik auf das Ohr. Gerüche unterscheiden sich ebenso voneinander wie Töne, darum muss ein Parfüm fein abgestimmt sein, sonst wirkt es disharmonisch. Manche Düfte vertragen sich gut miteinander, beispielsweise Mandel, Vanille und Heliotrop oder Patchouli, Zeder und Sandelholz. Eine »höhere Tonlage« spielen Verbene und Zitrone, und auf noch einer anderen Ebene liegen Rose, Petit-Grain und Nerioli (das Öl aus den Blüten der Pomeranze *Citrus aurantium*). Das Pflanzenreich bietet den Parfümeuren mehr als 4000 Rohstoffe, mit denen sie arbeiten und Geruchserlebnisse von der Komplexität einer Symphonie komponieren können.

Die Wahrnehmung von Düften

Der Geruchssinn ist der elementarste Sinn des Menschen. Düfte werden von winzigen Riechhärchen im oberen Bereich der Nase »eingefangen«. Dort befinden sich Riechzellen, die in direkter Verbindung zum zentralen Nervensystem stehen. Zu intensive Gerüche können diese empfindlichen Nervenenden überfordern und die Wahrnehmungsfähigkeit beeinträchtigen. Das Geruchswahrnehmungsvermögen ist individuell verschieden, generell sind dunkelhaarige Menschen jedoch geruchsempfindlicher als hellhaarige. Schon aus diesen Gründen lassen sich Düfte schwer klassifizieren.

Manche Düfte genießt man am besten mit etwas Abstand, weil sie aus der Nähe zu intensiv sind. Der Duft von *Rosa foetida* ist von fern angenehm, aus der Nähe erinnert er dagegen an faulenden Fisch. Ursache dafür ist Indol, ein natürlicher Pflanzenstoff, der auch in verwesendem Tiergewebe gebildet wird. Dieser Stoff ist ebenso verantwortlich für den betäubend süßen Duft von Lilien (Lilium) und Jonquillen (*Narcissus jonquilla*). Der Pflanzenstoff Aminoid ist in einigen weißen oder gebrochen weißen Blüten enthalten und verleiht ihnen einen Salmiakgeruch, der Fliegen anlockt.

Der Duft von einigen Blüten, etwa Narzissen und Hyazinthen (*Hyacinthus*) beansprucht die Geruchsnerven so sehr, dass man ihn oft nur im ersten Moment angenehm findet. Veilchenduft beispielsweise scheint manchmal umzuschlagen und man meint, Gurken oder feuchtes Moos wahrzunehmen. Blätter duften meist dezenter als Blüten, weil sie andere Inhaltsstoffe enthalten, wie etwa das Geraniol der Duftblattpelargonien (*Pelargonium capitatum*).

Die Wahrnehmung von Duft ist nicht nur eine ästhetische Frage, denn Gerüche wirken auch auf den Körper. Veilchen (*Viola*) sind bei Sängern gefürchtet, weil sie die Stimmbänder negativ beeinflussen. Bohnen und Nachtlevkojen (*Matthiola bicornis*) können Rauschzustände verursachen, während der herb-frische Geruch des Stechginsters (*Ulex europaeus*) Kopfschmerzen hervorrufen kann.

Die Bestandteile des Duftes

Duft besteht nicht aus einem einzelnen Stoff, sondern ist eine chemische Zusammensetzung, die von verschiedenen Pflanzenteilen produziert wird. Besonders rein – und schwer zu imitieren – ist das ätherische Öl der Oberseiten von Kron- und Kelchblättern. Während des Wachstums der Pflanze, verändern sich die Zellen ihrer Blüten.

Der Blütenduft der Zitrone (Citrus limon) *wird den Zitrusdüften zugeordnet. Die Blüten riechen wie die Früchte herb-frisch.*

Anfangs enthalten sie nur Chlorophyll, später auch andere Stoffe wie Tannin und ätherisches Öl. Das Öl wird zusammen mit Zuckerstoffen als Glycosid in Zellen eingelagert, deren ursprünglicher Inhalt (das Protoplasma) entfernt wurde. Beim Abbau von Glycosid wird Duft freigesetzt. Dieser Prozess kann sich zu bestimmten Tageszeiten oder wenn die Pflanze ihre Blüten schließt verlangsamen oder zum Stillstand kommen. Ätherische Öle verflüchtigen sich unterschiedlich schnell – langsame wie Patchouli oder Zeder empfinden wir als intensiv, schnelle wie Lavendel als dezent.

Blütendüfte

Obwohl das Spektrum der Blütendüfte groß ist, lassen sich doch einige Gruppen klar abgrenzen. Manche Düfte liegen aber zwischen zwei Gruppen und werden wegen der subjektiven Wahrnehmung mal der einen, mal der anderen zugeordnet. Eine exakte Klassifizierung ist daher schwierig.

- **Schwere Düfte**
  Intensive, lang haltende Düfte, häufig von weißen oder cremefarbenen Blüten, etwa von *Lilium candidum*, *Philadelphus*, Flieder (*Syringa*) oder Maiglöckchen (*Convallaria majalis*).

- **Aromatische Düfte**
  Angenehme Düfte nach Zimt, Gewürznelke, Vanille und Melisse, einschließlich Nelken (*Dianthus*), Schneeball (*Viburnum carlesii*), Hyazinthen (*Hyacinthus*) und Nachtlevkojen (*Matthiola bicornis*).

- **Veilchendüfte**
  Süße Düfte, die ermüdend wirken können, zum Beispiel von *Iris reticulata*, *Acacia* und *Reseda odorata*.

- **Rosendüfte**
  Leichte, süß-fruchtige Düfte; hier zählt auch der von einigen Duftblattpelargonien (*Pelargonium capitatum*) dazu.

- **Zitrusdüfte**
  Frische, herbe Düfte, wie etwa von *Rosa bracteata*, Nachtkerze (*Oenothera odorata*) und Seerose (*Nymphaea odorata*).

- **Fruchtige Düfte**
  Die große Gruppe mit verschiedenen Düften (außer Zitrone) umfasst beispielsweise *Philadelphus* (Orange), *Cytisus battandieri* (Ananas), *Freesia* (reife Pflaumen), *Rosa wichuraiana* (grüne Äpfel), *Rosa soulieana* (reife Bananen) und *Iris graminea* (Aprikosen).

- **Animalische Düfte**
  Gerüche nach Katzen, Hunden, Füchsen, Ziegen oder menschlichem Schweiß verströmen etwa *Fritillaria imperialis*, *Hypericum*, Margerite (*Leucanthemum vulgare*) oder *Codonopsis*. Blüten mit Moschusduft haben beispielsweise *Rosa moschata* und *Muscari muscarimi*.

- **Honigdüfte**
  Moschusartig süßer, aber zarterer Duft, etwa von *Buddleja*, *Sedum spectabile* und Geißblatt (*Lonicera*).

Blattdüfte

Blätter duften meist zarter als Blüten. Doch während der Duft von trocknenden Blüten schwächer wird, nimmt der von Blättern zu, sobald das Wasser verdunstet und die Konzentration der ätherischen Öle steigt. Manche Öle sind in Blättern und Blüten gleichermaßen enthalten, sodass der Duft dieser Blätter zu den gleichen Kategorien wie bei den Blüten gehört. So werden viele Pelargonien den Rosen- und Zitrusdüften zugeordnet. Apfelminze (*Mentha suaveolens*) und *Rosa rubiginosa* (syn. *R. eglanteria*) duften nach Äpfeln. Wie Muskatellersalbei (*Salvia sclarea*), eine bedingt winterharte Zweijährige mit frischem Grapefruitduft, gehören sie zu den fruchtigen Düften.

- **Harzige Düfte**
  Herb-würzige Düfte, die an einen Nadelwald denken lassen, etwa Rosmarin (*Rosmarinus*).

- **Kampfer- und Eukalyptusdüfte**
  Medizinische Düfte, die die Atemwege befreien, zum Beispiel von Salbei (*Salvia officinalis*), Kamille (*Chamaemelum nobile*), *Eucalyptus*, Thymian (*Thymus*) und Myrte (*Myrtus*).

- **Minzdüfte**
  Herb-frische Düfte, wie sie *Mentha* und einige Duftblattpelargonien verbreiten.

- **Schweflige Düfte**
  Schwere, scharfe Düfte, etwa von Zwiebel (*Allium cepa*) und Knoblauch (*Allium sativum*).

Stiele und Rinde

Frisch geschnittenes Holz hat einen warmen, sanften Duft, und bei vielen strauchigen Pflanzen duften auch Triebe, Harz, Saft oder Rinde. Zerreibt man Holz oder Blätter des Moor-Gagelstrauchs (*Myrica gale*), geben sie einen süßlichen Zitronenduft ab. Stiel und Blätter der *Hebe cupressoides* duften nach Veilchen, während der amerikanische Amberbaum (*Liquidambar styraciflua*) balsamisch riecht. Bei Pflanzen mit duftender Rinde gibt es zwei Kategorien:

- **Aromatische Düfte**
  Zimt (*Canella winteriana*), *Eucalyptus*, Zuckerbirke (*Betula lenta*) mit ihrem warm-würzigen Duft und weihrauchartig riechender Sternanis (*Illicium anisatum*).

- **Harzige Düfte**
  Der typische, würzige Duft von Nadelbäumen wie Tanne (*Abies*), Kiefer (*Pinus sylvestris*) und Lärche (*Larix*).

Wurzeln

Einige Pflanzen haben duftende Wurzeln. Echte Nelkenwurz (*Geum urbanum*) ist eine krautige Staude mit kurzen, dicken, rhizomartigen Wurzeln, die nach dem Trocknen wie Gewürznelken duften. Bach-Nelkenwurz (*Geum rivale*) hat fleischige Wurzeln mit Schokoladenduft. Süßholz (*Glycyrrhiza glabra*) riecht nach Lakritz, und Kalmus (*Acorus calamus*) mit kampferartigem Duft wurde im Mittelalter als Streu für den Boden verwendet. Die Wurzeln von *Iris pallida* und *I. germanica* 'Florentina' duften, wenn man sie trocknet und pulverisiert, intensiv nach Veilchen.

Pilze

Einige Pilze haben einen markanten, nicht immer angenehmen Geruch, der sich im Lauf der Reifung verändern kann. Die Stinkmorchel (*Phallus impudicus*) lockt mit dem Geruch nach verrottendem Fleisch oder Fisch Fliegen an, damit sie ihre Sporen verteilen. Einige Pilze riechen nach Waldboden, Knoblauch, Schwefel, Ziegen oder Moschus. Andere haben angenehmere Duftnoten und erinnern an Gewürznelken, Anis, Veilchen, Rosen und Obst.

Samen

Die Samen vieler Pflanzen werden – vor allem zerkleinert – als Gewürz für Speisen und Getränke verwendet. Anis (*Pimpinella anisum*) hat einen milden Lakritzgeschmack. Kümmelsamen (*Carum carvi*) sind als Würze für Brot, Kleingebäck, Käse, Suppen und Liköre beliebt. Getrocknete Koriandersamen (*Coriandrum sativum*) haben einen feinen Orangenduft und werden für eingelegtes Gemüse, Curries und Süßspeisen verwendet. Dillsamen (*Anethum graveolens*) sind ein klassisches Gurkengewürz. Fenchel (*Foeniculum vulgare*) harmoniert mit fettem Fisch wie Makrele.

Knoblauch (Allium sativum) *wird mit seinem intensiven, scharfen Geruch den schwefligen Düften zugeordnet.*

Warum duften Pflanzen?

In der Natur entwickelt sich nichts ohne Grund, das gilt auch für Pflanzendüfte. Sie erfüllen zwei Aufgaben: Einerseits locken sie bestäubende Insekten an, andererseits schützen sie die Pflanze vor Schädlingen. Aber warum duften einige Pflanzen stark und andere fast gar nicht? Und warum gibt es so viele verschiedene Düfte? Die Antworten auf diese Fragen ergeben sich aus den Lebenszyklen der Pflanzen sowie ihren Lebensräumen. Bienen fliegen auf Blau – darum bringen einige Pflanzen, die in bienenreichen Gebieten wachsen, blaue Blüten hervor und benötigen keinen Duft. Die natürliche Evolution ist aber nicht der einzige Faktor, der den Duft von Pflanzen bestimmt. Im Lauf der Zeit haben auch Züchter das ihre getan, um neue Sorten zu entwickeln oder bestimmte Merkmale – darunter den Duft – zu verbessern.

Selbstschutz

Die ätherischen Öle in den Blättern und Stielen mancher Pflanzen vertreiben schädliche Insekten und andere Tiere – und stellen dadurch wie Stacheln und Dornen einen Schutz dar. Ameisen scheinen Minzegeruch zu meiden. Wer keine Ameisen im Haus haben möchte, ist darum gut beraten, kriechende Poleiminze (*Mentha pulegium*) an die Außentüren zu pflanzen.

Viele intensiv duftende Pflanzen stammen aus heißen, trockenen Gebieten, wo sie sich vor Austrocknung schützen, indem sie flüchtige Öle absondern, die nach dem Verdunsten direkt über den Blattoberflächen »schweben«.

Bestäubung

Die Arterhaltung aller Pflanzen beruht auf Bestäubung. Allerdings sorgen die Pflanzen auf verschiedene Weise dafür, dass die Bestäubung stattfindet. Birke (*Betula*), Eiche (*Quercus*), Koniferen und andere Pflanzen nutzen den Wind zur Verteilung des Pollens, andere wie *Elodea* nutzen das Wasser. Die meisten Pflanzen werden jedoch durch Insekten bestäubt. Dadurch wird sichergestellt, dass das genetische Material ständig gemischt wird.

Insekten werden überwiegend durch Duft angelockt. An windstillen, warmen Tagen nimmt man ihn besser wahr, vor allem an geschützten Plätzen oder unter Bäumen. Je geschützter ein Standort liegt, desto wichtiger ist der Duft für die Pflanze. Denn an solchen Plätzen ist die Wahrscheinlichkeit, dass Insekten durch den Wind in die Nähe getragen werden, geringer. Pflanzen, die im Schatten wachsen oder ihre Blüten erst abends öffnen, duften besonders intensiv. Die Blüten vieler Nachtblüher öffnen sich nur einen Abend lang und verwelken nach der Bestäubung. Die Duftabsonderung wird durch die niedrigeren Abendtemperaturen und die ansteigende Luftfeuchtigkeit ausgelöst. Jelängerjelieber (*Lonicera caprifolium*) und viele andere Nachtblüher haben weiße, cremefarbene oder hellgelbe Blüten in einer länglich röhrenartigen Form.

Die Bestäubung übernehmen viele verschiedene Insekten, und sie alle werden auf unterschiedliche Weise angelockt. Immerhin ist die Konkurrenz zwischen den bestäubungsbedürftigen Pflanzen groß, und einige Gewächse haben mit ihren Bestäubern eine spezielle Beziehung, die so eng sein kann, dass man sie als wechselseitige Abhängigkeit bezeichnen könnte.

Bienen reagieren auf Farben und Zeichnungen. Darum brauchen Blüten wie die der Rosa *'Complicata' keinen intensiven Duft, um sie anzulocken.*

Schmetterlinge und Nachtfalter

Beide gehören der Ordnung Lepidoptera an und besitzen lange Saugrüssel, mit denen sie Nektar aus tiefen Blüten saugen können. Schmetterlinge besuchen Pflanzen wie das Waldgeißblatt (*Lonicera periclymenum*) tagsüber und am frühen Abend, während Nachtfalter die Nachtblüher bestäuben. Pflanzen, die von Schmetterlingen und Falter bestäubt werden, duften normalerweise stark, da diese Insekten auf Duft reagieren. Besondere Anziehungskraft auf Schmetterlinge haben Sträucher wie Lavendel (*Lavandula*), Liguster (*Ligustrum*), Flieder (*Syringa*) und *Buddleja* sowie Stauden wie Herbstastern (*Aster*).

Bienen

Bienen gehören zur Ordnung der Hymenoptera. Sie haben sehr gute Augen und reagieren überwiegend auf Farben (vor allem Blau) und Muster, die ihnen den Weg ins Blütenzentrum zeigen. Möglicherweise haben sie eine Rot-Grün-Schwäche, weil sie auf Blüten dieser Farben kaum reagieren. Blaue Blüten duften meist nur schwach, da die Farbe allein ausreicht, um die Bestäuber anzulocken.

Fliegen

Nicht alle Insekten schätzen süße Düfte. Fliegen der Ordnung Diptera beispielsweise bevorzugen faulige Gerüche, die bei anderen Bestäubern keinen Anklang finden. Zu den Pflanzen, die von Fliegen bestäubt werden, gehören Weiße Scheinkalla (*Lysichiton americanus*), Moor-Gagelstrauch (*Myrica gale*), Gefleckter Aronstab (*Arum maculatum*), Stinkende Nieswurz (*Helleborus foetidus*) und Stinkendes Wanzenkraut (*Cimicifuga europaea*).

Vögel

Viele Vögel scheinen Blau- und Grüntöne nicht wahrnehmen zu können, denn von ihnen werden überwiegend pupurrote und goldgelbe Blüten bestäubt. Für Vögel haben nur die Farben Signalwirkung, der Duft spielt keine Rolle.

Käfer

Die wenigen Pflanzenarten, die durch Käfer bestäubt werden, haben einen fruchtigen Duft und weit geöffnete Blüten, weil Käfer nur kurze Zungen haben und Blüten mit tiefem, röhrenförmigen Schlund nicht bestäuben könnten.

Farbe und Duft

Farbe und Duft gehen nicht Hand in Hand. Oft ist der Duft ein Ersatz für die Farbe, und je intensiver die Farbe einer Blüte ist, desto schwächer ist ihr Duft. Weil beide Eigenschaften zum Anlocken von Bestäubern dienen, reicht eine meist aus, um die Arterhaltung zu sichern. Blüten in Weiß oder mit dicken, wachsartigen oder samtigen Petalen duften oft besonders intensiv. Dünnere Blütenblätter können nur wenig Öl binden, darum verfliegt der Duft schnell. Je mehr Farbpigment oder Chlorophyll ein Blütenblatt enthält, desto weniger ätherisches Öl wird produziert, folglich enthalten pigmentarme Blüten wie Maiglöckchen (*Convallaria majalis*), weiße Nelken (*Dianthus*) oder weiße Narzissen wie etwa *Narcissus* 'Actaea' besonders viel duftende Öle.

Das Verhältnis von Duftintensität zu Blütenfarbe lässt sich vereinfacht den folgenden Blütenfarben zuordnen: Weiß (starker Duft), Creme, Hellgelb, Gelb, Hellrosa, Mauve und Violett (schwacher Duft). Blüten in Orange, Rot, Blau oder Braun enthalten sehr viele Pigmente und duften fast gar nicht. Ein gutes Beispiel für diese Beziehung zwischen Duft und Farbe ist die Gattung *Clematis* mit ihrem Farbspektrum von Weiß bis Dunkelviolett. Im Winter blüht *Clematis rehderiana* (hell cremegelb) mit kräftigem Schlüsselblumenduft. *C. armandii* (reinweiß) duftet intensiv und blüht im

Je weniger Pigment Blütenblätter enthalten, desto stärker ist ihr Duft. Weiße Blüten wie die der Clematis armandii *duften besonders intensiv.*

Frühling. *C.* 'Duchess of Edinburgh' ist eine der wenigen duftenden großblumigen Hybriden und öffnet im Sommer ihre weißen Blüten. Die dunkler blühenden Sorten besitzen in der Regel keinen Duft.

Familienähnlichkeit

Pflanzen werden anhand der Anordnung ihrer Blütenteile in Familien kategorisiert. Oft haben Mitglieder der gleichen Familie auch einen ähnlichen Duft. So duften die Angehörigen der *Papilionaceae* (Schmetterlingsblütler), wie Duftwicke (*Lathyrus odoratus*), Ginster (*Cytisus/Genista*) und Stechginster (*Ulex*), nach Zitrone mit Vanille. Einige Pflanzenfamilien besitzen keinen oder nur einen schwachen Duft, etwa die *Scrophulariaceae* (Rachenblütler), zu denen *Nemesia*, *Penstemon*, *Phygelius* und *Antirrhinum* gehören.

Pflanzenzucht

Im 19. Jahrhundert untersuchte der österreichische Botaniker Gregor Mendel erstmals, wie Pflanzenmerkmale von einer Generation auf die nächste vererbt werden. Er verwendete den Pollen einer Pflanze, um eine zweite zu bestäuben, sodass in der Folgegeneration nur eine begrenzte Zahl von Merkmalen möglich war. Die Pflanzen zeigten Merkmale der Elterngeneration, aber auch Merkmale der Großelterngeneration, die bei den Eltern nicht sichtbar waren. Daraus schloss er, dass bestimmte Merkmale zwar in allen Generationen vorhanden waren, bei einigen aber durch stärkere Erscheinungsformen des gleichen Merkmals überdeckt wurden.

Als Zucht bezeichnet man die gezielte, auf ein bestimmtes Ergebnis gerichtete Kreuzung von Pflanzen. Die Wahrscheinlichkeit, die gewünschten Ergebnisse zu erhalten, ist in der ersten Generation am größten. Man nennt diese auch F1. F1-Pflanzen zeichnen sich durch besondere Wuchskraft aus, haben größere Blüten und einen stärkeren Duft. F2-Pflanzen entstehen durch Kreuzung zweier Hybriden der F1-Generation.

Zucht und Duft

Bei gezielter Zucht werden Pollenspender und Mutterpflanze sorgfältig ausgewählt. Die Bestäubung findet unter kontrollierten Bedingungen und unter Ausschluss von Fremdbestäubern statt. Wird bei der Zucht das Hauptinteresse auf bestimmte Merkmale gelegt, können andere mit der Zeit ganz verschwinden. Das geschah beispielsweise in der Rosenzucht, bei der lange die Blütenfarbe und -größe sowie die Krankheitsresistenz in den Mittelpunkt gestellt wurde. Heute sind duftende Rosen wieder gefragt, und einige Züchter befassen sich mit den »Ahnenreihen« ihrer Sorten, um herauszufinden, wann der Duft verloren ging, und dort anzusetzen. Im Idealfall entstehen dabei Rosen-Sorten, die intensiv duften und dennoch alle heutigen Anforderungen an Blütenfarbe, -größe und Resistenz erfüllen.

Die züchterische Manipulation des Duftes ist ein mühsames Geschäft: Unter Tausenden von Sämlingen erfüllt oft nur einer oder zwei die Anforderungen.

Ätherische Öle

Ätherische Öle sind natürliche, konzentrierte chemische Stoffe, die einer Pflanze ihren Duft geben. Sie können als Duftöle benutzt werden, besitzen aber auch Heilwirkung. Als Zusatz zu Massageölen oder Badewasser gelangen sie durch die Haut rasch in die Blutbahn und das Lymphsystem. Selbst das Einatmen soll die Stimmung beeinflussen. Das Wissen um die Heilwirkung von ätherischen Ölen ist sehr alt. Schon die Urmenschen verwendeten beispielsweise antiseptische Harze von Nadelbäumen, Balsam-Pappel (*Populus balsamifera*), Walnuss (*Juglans*) und Birke (*Betula*), um Halsschmerzen zu lindern und Wunden zu behandeln. Heute werden Öle von Zimt, Gewürznelke, Verbene, *Geranium*, Lavendel und Rosmarin bei Beschwerden wie Kopfschmerzen, Erkältungen, Schlafstörungen oder Anspannung eingesetzt.

Verschiedene Öle

Ätherische Öle können in den Blüten und Blättern, aber auch in der Rinde, den Samen und Wurzeln einer Pflanze enthalten sein. Öle aus duftenden Blättern haben meist eine größere antiseptische Wirkung als Öle aus Blüten, ausgenommen Rosenöl, das ein ausgezeichnetes Antiseptikum ist. Das Öl wird auf verschiedene Weise in den Blättern gespeichert. Es kann tief im Gewebe oder in kleinen »Kapseln« enthalten sein und nur auf Druck freigesetzt werden. Befindet es sich in Zellen an der Oberfläche, lösen steigende Temperaturen die Abgabe aus. Manchmal ist es auch in drüsigen Härchen an den Blattunterseiten enthalten. In den Blüten wird das Öl in Zellen eingelagert, denen das Chlorophyll entzogen wurde. Die Zellen befinden sich auf beiden Seiten der Blütenblätter, auf der Oberseite aber meist in größerer Dichte. An der Entstehung der vielfältigen Blütendüfte sind verschiedene Alkohole und andere chemische Stoffe beteiligt.

Die Gewinnung von ätherischen Ölen

Die Kunst der Parfümherstellung beginnt damit, Pflanzen die ätherischen Öle zu entziehen, ohne den Duft zu verändern. Kommerziell werden dazu verschiedene Methoden eingesetzt, etwa die Extraktion, die Destillation, die Pressung und die Mazeration. Wer ätherische Öle nicht kaufen, sondern selbst gewinnen möchte, kann ein einfaches Mazerationsverfahren anwenden.

Extraktion

Um möglichst viel ätherisches Öl zu gewinnen, wird es mit einer chemischen Lösung behutsam aus den Blüten »ausgewaschen«. Dabei entsteht eine pastöse, wachsartige Masse, deren Duft mit dem der ursprünglichen Pflanze identisch ist.

Destillation

Blüten, die Hitze vertragen und, gemessen am Gewicht, viel Öl enthalten, werden in großen Behältern mit Dampf behandelt. Da sich Öl und Wasser nicht mischen, schwimmt das Öl nach der Kondensation auf dem Wasser. Dieses Verfahren wird beispielsweise bei Rosen- und Orangenblüten angewandt.

Pressung

Schalen von Zitrusfrüchten werden normalerweise gepresst, um das enthaltene Öl zu gewinnen. Anschließend werden Fremdstoffe mit Wasser aus dem Öl entfernt.

Aus den frischen Blüten von Lavandula angustifolia *wird ätherisches Lavendelöl gewonnen. Der süße, blumige Duft ist für seine stimmungsaufhellende, entspannende Wirkung bekannt.*

Mazeration

Dieses schonende Verfahren wird für Pflanzen wie Maiglöckchen (*Convallaria majalis*), Veilchen (*Viola*) oder Jasmin (*Jasminum*) eingesetzt, die eine Behandlung mit Chemikalien oder Hitze nicht vertragen. Weil die Blüten auch nach der Ernte noch Öl abgeben, legt man sie in flache Glasschalen und bedeckt sie mit Pflanzenöl, das den Duft allmählich aufnimmt. Die Blüten werden bis zu vier Wochen lang täglich gewechselt, damit das Trägeröl möglichst viel ätherisches Öl aufnehmen kann. Manche Blüten werden auf Musselintücher ausgebreitet und in Pflanzenöl eingeweicht. Nach einem Monat werden die Tücher ausgepresst. Anschließend wird dem Trägeröl das ätherische Öl entzogen.

Mazeration für den Hausgebrauch

Um eine kleine Menge ätherisches Öl selbst zu gewinnen, pflücken Sie vertrocknete Blüten der gewünschten Pflanze und geben diese ohne Stiele in ein Glas, das zur Hälfte mit hochwertigem Olivenöl gefüllt ist. Nach 24 Stunden entfernen Sie die Blüten, pressen sie aus und schütten das austretende Öl ins Glas zurück. Dann legen Sie erneut frische Blüten ins Öl. Dieser Vorgang wird so oft wiederholt, bis das Olivenöl mit dem Duft gesättigt ist. Dann die gleiche Menge reinen Alkohol zugeben, das Glas gut verschließen und bei täglichem Schütteln zwei Wochen ziehen lassen. Danach kann der duftende Alkohol vom Olivenöl abgegossen und verwendet werden.

Kauf und Lagerung von Ölen

Es macht zwar Spaß, ätherisches Öl selbst zu gewinnen, generell ist es aber einfacher, Öle zu kaufen, zumal das Angebot im Fachhandel sehr groß ist. Lesen Sie auf dem Etikett nach, woher der Hersteller die Pflanzen zur Ölgewinnung bezieht und ob Reinheitstests durchgeführt werden. Wird das Produkt als »Aromatherapie-Öl« oder »Massageöl« angeboten, ist es meist mit einem neutralen Basisöl wie Traubenkernöl gemischt. Diese Verdünnung ist zwar sinnvoll, weil ätherische Öle nicht in konzentrierter Form auf die Haut aufgetragen werden dürfen, sie reduziert die Haltbarkeit des Öls aber erheblich.

Öle sollten immer in dunkle, gut schließende Glasflaschen abgefüllt und nach dem Kauf an einem dunklen, kühlen Platz (am besten im Kühlschrank) aufbewahrt werden. Wer Öle selbst mischen möchte, verwendet zum Abmessen der genauen Mengen eine Glaspipette aus der Apotheke. Denken Sie daran, ein Etikett auf die Flasche zu kleben, auf dem die Bestandteile der Mischung und das Einkaufsdatum vermerkt sind. Die Ölmischung muss vor Gebrauch gut geschüttelt werden.

Ätherische Öle im Haushalt

Wer den positiven Einfluss ätherischer Öle auf das Wohlbefinden und das Raumklima nutzen möchte, kann sie auf vielfältige Weise einsetzen. Manche Öle wirken beruhigend, andere anregend.

Bäder

Geben Sie nach einem langen Arbeitstag 5–10 Tropfen ihres Lieblingsöls ins heiße Badewasser, legen Sie sich hinein und entspannen Sie sich. Das Wasser darf nicht zu heiß sein, sonst verfliegt der Duft schnell. Aromatherapie-Bäder mit Ölen wie Lavendel wirken bei Stress sehr entspannend. Bergamotte und Jasmin hellen die Stimmung auf, Neroli und Ylang-Ylang werden bei Anspannung empfohlen. Eukalyptus und Pfefferminze können Kopfschmerzen vertreiben, während Kamille und Wacholder lindernd bei Gelenk- und Muskelschmerzen wirken.

Massagen

Ätherische Öle sind sehr konzentriert und dürfen nicht unverdünnt auf die Haut aufgetragen werden. Man mischt sie mit einem Basisöl, das auch die Gleitfähigkeit der Hände verbessert. Verwenden Sie ein geruchsneutrales Basisöl, wie etwa Traubenkern- oder Jojobaöl. Auf 50 ml Basisöl gibt man für Körpermassagen 20 Tropfen ätherisches Öl, für die Anwendung im Gesicht 10 Tropfen und bei Kindern 5–10 Tropfen. Das Öl wird je nach Bedarf entsprechend seiner Wirkung ausgewählt. Muskatellersalbei und Basilikum beleben bei Abgespanntheit, Pfefferminze und Ingwer bekämpfen Übelkeit und Verdauungsbeschwerden, Majoran und Rose lindern Schlaflosigkeit, Patchouli und Sandelholz steigern die sexuelle Ansprechbarkeit.

Duftlampen

Duftlampen bestehen meist aus einer flachen Keramikschale über einem Teelicht. Gibt man in die Schale einige Tropfen ätherisches Öl (konzentriert oder in etwas Wasser), verdunstet das Öl durch die Wärme der Kerze und parfümiert die Luft. Eukalyptus wirkt erfrischend, Bergamotte anregend, Basilikum verbessert die Konzentration, Rose hebt die Stimmung und Lavendel entspannt. Um auf langen Autofahrten konzentriert zu bleiben, geben Sie einige Tropfen erfrischendes Öl wie Pfefferminze auf einen kleinen Schwamm oder ein Papiertaschentuch.

Potpourri

Potpourris, die ihren Duft verloren haben, können mit einigen Tropfen ätherischen Öls aufgefrischt werden. Geeignet sind Rose, Zitrusfrüchte oder Gewürzöle, entweder einzeln oder gemischt.

Parfüm

Zur Verwendung als Parfüm werden ätherische Öle im Verhältnis 1:5 mit reinem Alkohol gemischt. Gibt man einige Tropfen auf ein Taschentuch, das diskret in der Kleidung versteckt werden kann, hält der Duft über einige Stunden an. Öle können gemischt werden, um einen einzigartigen, auf den individuellen Typ und Geschmack abgestimmten Duft zu erhalten. Natürlich kommt dabei auch die therapeutische Wirkung der Öle zum Tragen. Wer an Schlafbeschwerden leidet, könnte einige Tropfen Lavendel-, Basilikum-, Kamillen- oder Muskatellersalbei-Öl auf das Kopfkissen oder ein Taschentuch auf dem Nachtschrank geben.

Dampfinhalation

Viele ätherische Öle besitzen antibakterielle und antiseptische Eigenschaften, die sich durch Dampfinhalationen nutzen lassen. Bei Erkältung 5–8 Tropfen Eukalpytusöl in eine große Schüssel mit heißem Wasser geben. Den mit einem Handtuch bedeckten Kopf über die Schüssel beugen und den aufsteigenden Dampf etwa 10 Minuten einatmen. Zwei- bis dreimal täglich wiederholen. *Achtung:* Dampfinhalationen sind für Asthmatiker ungeeignet.

Kompressen

Heilende Öle wie Kamille, Lavendel, Rosmarin, Wacholder, Birke oder Ingwer können auch für warme oder kalte Kompressen verwendet werden. Heiße Kompressen lindern Muskel- und Gliederschmerzen, während kalte Kompressen bei Kopfschmerzen und Anspannung empfohlen werden. 5–10 Tropfen Öl in heißes oder kaltes Wasser geben und gut verrühren. Einen Waschlappen oder ein Handtuch in das Wasser tauchen, gut auswringen und auf den betroffenen Körperteil legen. Liegen lassen, bis die Kompresse sich erwärmt oder abkühlt. Bis zu einer Stunde lang wiederholen.

Warnung

Ätherische Öle niemals unverdünnt auf die Haut auftragen. Bei empfindlicher Haut zuerst mit einem Tropfen des gewünschten Öls einen Verträglichkeitstest durchführen. Körperpartien mit Hautverletzungen, Schwellungen, Ausschlag, Reizungen oder Krampfadern nicht mit ätherischen Ölen massieren. Bei Herzkrankheiten sind Massagen mit ätherischen Ölen ungeeignet. Schwangere Frauen sowie Personen, die unter erhöhtem Blutdruck und Epilepsie leiden, sollten sich vor einer Anwendung mit ätherischen Ölen von einem Aromatherapeuten beraten lassen.

Die blühenden Spitzen des Rosmarinus officinalis *produzieren ein ätherisches Öl mit harzigem Duft. Wegen seiner antiseptischen Wirkung wird Rosmarin zur Behandlung von Hautreizungen empfohlen.*

Ernten & trocknen

Die Blüten, Blätter, Samen, Wurzeln und Rinde von Pflanzen können geerntet, getrocknet und zur späteren Verwendung gelagert werden. Es ist jedoch wichtig, dass die unterschiedlichen Pflanzenteile jeweils zur richtigen Jahreszeit geerntet und sachgerecht getrocknet werden, um Duft, Geschmack und andere Eigenschaften möglichst optimal zu bewahren. Wer diese Techniken beherrscht, kann sich in vielen Büchern über die weitere Verwendung als Heil- und Würzmittel kundig machen. Unkompliziert und sehr beliebt sind dekorative Schalen mit duftenden Potpourris aus verschiedenen trockenen oder feuchten Pflanzenbestandteilen.

Blätter

Blätter erntet man am besten, wenn sie ganz ausgebildet sind, aber noch keine Anzeichen von Alterung zeigen. Um Duft oder Aroma von Pflanzen wie Zitronenverbene (*Aloysia triphylla*), *Pelargonium*, Bergamotte (*Monarda didyma*), Rosmarin (*Rosmarinus officinalis*) oder Salbei (*Salvia officinalis*) voll auszuschöpfen, sollten die Blätter im Hochsommer noch vor der Blüte geerntet werden, wobei der ideale Zeitpunkt wetterabhängig ist. Mit Beginn der Blüte verändert sich das chemische Gleichgewicht der Pflanze, und die Ölkonzentration in den Blättern nimmt ab. Die Blätter pflückt man vormittags, nachdem der Tau abgetrocknet ist und sich die Pflanze erwärmt hat, aber noch ehe es zu heiß wird. Beschädigte Blätter und Blätter in Blütennähe werden nicht verwendet.

Bei vielen Pflanzen ist es sinnvoll, ganze Stiele abzuschneiden, weil so die Blätter am wenigsten Schaden nehmen. 5–10 Stiele (je nach Dicke) mit einem Gummiband bündeln, das sie im Gegensatz zum Bindfaden auch dann sicher zusammenhält, wenn die Stiele beim Trocknen schrumpfen. Die Sträuße kopfüber in einem dunklen, warmen, gut belüfteten Raum (etwa einer Speisekammer) zum Trocknen aufhängen. Die Trockenzeit kann je nach Dicke der Stiele einige Tage oder auch Wochen dauern. Zum Kochen werden die Blätter zwischen den Fingern zerrieben und in dunkle, luftdicht schließende Gläser gefüllt, die man beschriftet. Für Potpourris können ganze Blätter verwendet werden.

Blüten

Auch Blüten werden geerntet, wenn sie in Bestform sind, und zwar möglichst an einem regenfreien Tag um die Mittagszeit – dann sind sie ganz geöffnet, aber beginnen noch nicht zu verblühen. Um die Petalen nicht zu beschädigen, schneidet man die Blüten mit dem Stiel ab, prüft sie sorgfältig und sortiert beschädigte Blüten aus. Die Blüten nebeneinander in einen offenen Korb legen, damit sich keine Kondensfeuchtigkeit bildet, die Fäulnis verursachen kann.

Große Blüten werden wie Blätter gebündelt und kopfüber in einen dunklen, warmen, gut belüfteten Raum gehängt. Kleine Blüten wie Borretsch (*Borago officinalis*) oder Veilchen (*Viola*), die sich nur schlecht aufhängen lassen, trocknet man auf einem Stück Musselin, das auf einen Holzrahmen oder Küchengitter aus Metall gespannt ist. Bei sachgemäßer Trocknung verblassen die Blütenfarben nur wenig. Nach dem Trocknen können die ganzen Blüten oder einzelnen Blütenblätter verwendet werden, beispielsweise für Potpourris. Zur Lagerung bleiben kleine Blüten wie Lavendel (*Lavandula angustifolia*) oder Kamille (*Chamaemelum nobile*) ganz, während von Ringelblumen (*Calendula*) und anderen nur die Blütenblätter aufbewahrt werden.

Blüten werden immer im Bestzustand geerntet, kurz bevor sie zu welken beginnen. Um eine Beschädigung der zarten Blütenblätter zu vermeiden, schneidet man sie mit dem Stiel ab.

Samen

Wacholderbeeren, Vanilleschoten, Dillsamen, Muskatnüsse und Gewürznelken werden geerntet, wenn sie voll ausgereift sind und keine Spur Grün mehr zeigen. An einem warmen, trockenen Tag die Samen aus dem Samenstand in Papiertüten schütteln oder die Samenstände abschneiden, auf Papier ausbreiten und an einem dunklen, warmen, trockenen Platz trocknen lassen. Manche Samen werden beim Trocknen schwarz oder braun – aber nicht alle. Statt sich auf die Farbe zu verlassen, prüfen Sie lieber durch leichten Fingerdruck, ob sie trocken und hart sind. Samen werden in beschrifteten Papiertüten oder Briefumschlägen bis zur Verwendung in einem dunklen, luftdicht schließenden Gefäß aufbewahrt.

Rinde

Die Rinde der jungen Triebe von Eukalyptus, Zeder (*Cedrus*), Sandelholz (*Santalum album*) und anderen Bäumen lässt sich leicht ablösen und ernten (bitte schälen Sie nur Rinde an Bäumen auf Ihrem eigenen Grundstück!). Niemals an der Rinde reißen oder einen Ring um den ganzen Stamm abnehmen, sonst kann der Baum leiden oder sogar absterben. Rindenstücke werden auf einem Holzrahmen oder Küchengitter mit Musselin wie Blüten an einem warmen, dunklen Platz getrocknet.

Wurzeln

Wurzeln und Rhizome von Pflanzen wie Engelwurz (*Angelica archangelica*), Ingwer (*Zingiber officinale*), Schwertlilie (*Iris* 'Florentina'), Wohlriechendes Veilchen (Viola odorata) oder Baldrian (*Valeriana officinalis*) werden im Herbst geerntet, wenn das Laub abstirbt und die Konzentration ätherischer Öle in den Wurzeln am stärksten ist. Ein Stück der gewünschten Größe entfernen, die restliche Wurzel sofort wieder einsetzen, damit die Pflanze sich erholen kann. Die geernteten Wurzeln vorsichtig abwaschen, dabei nicht beschädigen. Dann auf ein Backblech legen und im Backofen trocknen, bis sie sich leicht brechen lassen. Zwischendurch häufig wenden. Die abgekühlten Wurzeln in einem luftdicht schließenden Glas- oder Metallgefäß aufbewahren.

Temperatur für das Trocknen

Wird ein Blatt oder eine Blüte von der Pflanze entfernt, ist die Flüssigkeitsversorgung unterbrochen und es setzen sofort Veränderun-

gen in den Zellen ein. Je schneller das Pflanzenmaterial getrocknet wird, desto eher wird dieser Veränderungsprozess gestoppt und desto mehr ätherisches Öl ist noch in den Zellen vorhanden.
Zu schnell darf die Trocknung aber auch nicht erfolgen, sonst verdunstet die Restfeuchtigkeit und mit ihr das verbleibende Öl. Bei zu langsamer Trocknung dagegen zersetzen sich die Öle. Blüten, Blätter, Samen und Rinde werden am besten bei etwa 20 °C in einem dunklen, gut belüfteten Raum, vielleicht einer Speisekammer oder einem warmen Dachboden, getrocknet. Wurzeln benötigen zur optimalen Trocknung höhere Temperaturen, darum legt man sie bei etwa 50 °C in den Backofen.

Trockenes Potpourri

Trockene Potpourris sind schnell und einfach hergestellt. Sie brauchen dazu getrocknete Blätter, Blüten, Beeren, Gewürze oder Rinde sowie ein Fixativ, das den Duft erhält. Fixative sind als Pulver erhältlich, doch viele haben einen Eigengeruch, der bei der Mischung berücksichtigt werden muss. Das bekannteste Fixativ ist Veilchenwurzelpulver, das von der Deutschen Schwertlilie *Iris germanica* 'Florentina' stammt, aber nach Veilchen duftet. Man mischt 15 ml (1 El) Veilchenwurzelpulver mit 250 ml (1 Becher) Pflanzenmaterial. Ätherische Öle können zum Auffrischen alter Potpourris verwendet werden – aber sparsam dosieren, sonst wird der Duft zu aufdringlich!

Es ist leicht, eine Duftkomposition nach eigenem Geschmack zusammenzustellen. Denkbar wäre auch, für verschiedene Räume individuelle Düfte zu mischen. Wenn Sie für jede Jahreszeit ein spezielles Potpourri mischen möchten, finden Sie Anregungen in den Pflanzenverzeichnissen. Hier einige Vorschläge:

- **Duftende Blüten**
  Geißblatt (*Lonicera*), Hyazinthe (*Hyacinthus*), Jasmin (*Jasminum*), Lavendel (*Lavandula*), Flieder (*Syringa*), Pfeifenstrauch (*Philadelphus*), Rose (*Rosa*) und Veilchen (*Viola*).

- **Aromatische Blätter**
  Basilikum (*Ocimum basilicum*), Lorbeer (*Laurus nobilis*), Bergamotte (*Monarda didyma*), Zitronenmelisse (*Melissa officinalis*), Minze (*Mentha*), Rosmarin (*Rosmarinus*), Salbei (*Salvia*), Süßdolde (*Myrrhis odorata*) und Thymian (*Thymus*).

- **Duftende Gewürze, Schalen und Rinde**
  Piment, Zimt, Gewürznelken, Ingwer, Wacholderbeeren, Muskatnuss und Sternanis; Schalen aller Zitrusfrüchte; Wurzeln von Schlüsselblumen (*Primula veris*), Kalmus (*Acorus calamus*) und Baldrian (*Valeriana*).

Trockenes Potpourri mit Kräutern und Lavendel
250 ml (1 Becher) Lavendelblüten (Lavandula angustifolia)
125 ml (1/2 Becher) getrocknete Krauseminze (Mentha spicata)
125 ml (1/2 Becher) Majoran (Origanum majorana)
125 ml (1/2 Becher) Oreganoblüten (Origanum vulgare)
30 ml (2 EL) Veilchenwurzelpulver
10 ml (2 TL) ätherisches Lavendelöl
Alle Zutaten mischen, in einen Plastikbeutel füllen und 2 Wochen durchziehen lassen, gelegentlich schütteln. Dann in eine hübsche Schale füllen.

Feuchtes Potpourri

Dies ist ein klassisches Potpourri, für das die duftenden Blütenblätter von Damaszenerrosen (*Rosa damascena*) oder Zentifolien (*R. centifolia*) verwendet werden. Die Blütenblätter antrocknen lassen, bis sie ledrig sind und sich ihr Volumen etwa halbiert hat (bei gutem Wetter 2 Tage). Etwa 750 ml (3 Becher) Blütenblätter und 250 ml Meersalz (1 Becher) abwechselnd in eine große Schüssel schichten, bis sie drei viertel voll ist. An einem dunklen, trockenen, gut belüfteten Platz etwa 10 Tage durchziehen lassen. Die so entstandende Masse in Stücke brechen und mit den anderen Duftzu taten in ein luftdicht schließendes Gefäß geben. 6 Wochen durchziehen lassen, dabei täglich umrühren. Getrocknete Blüten und ätherische Öle in den letzten 2 Wochen zufügen.

Feuchtes Potpourri mit Rosen und Gewürzen
1 l (4 Becher) fermentierte Rosen-Blütenblätter (siehe oben)
90 ml (6 EL) Veilchenwurzpulver
30 ml (2 EL) gemahlene Macisblüte
30 ml (3 EL) gemahlener Piment
15 ml (1 EL) gemahlene Gewürznelken
1 Muskatnuss, gerieben
1 Zimtstange, grob zerdrückt
15 ml (1 EL) zerdrückte Lorbeerblätter (Laurus nobilis)
15 ml (1 EL) Zitrusschale
250 ml (1 Becher) getrocknete Rosenknospen
Alle Zutaten mit Ausnahme der Rosenknospen wie oben beschrieben 4 Wochen fermentieren lassen. Die Rosenknospen zugeben und weitere 2 Wochen durchziehen lassen. Das Potpourri in ein dekoratives Gefäß füllen und den Deckel nur nach Bedarf abnehmen, um den Duft der Mischung möglichst lange zu erhalten.

Rosen (Rosa) *gehören zu einem klassischen Potpourri. Die getrockneten Blütenblätter können in einer trockenen Duftmischung verwendet werden, fermentiert eignen sie sich auch für feuchte Potpourris.*

DER EIGENE DUFTGARTEN

Kapitel zwei

2

DER EIGENE DUFTGARTEN

Bestandsaufnahme

Ob Sie einen bestehenden Garten verändern oder auf einem neuen Grundstück bei null beginnen: Damit jede Pflanze den richtigen Platz erhält, sind einige Überlegungen nötig. Ein Garten ist im Hinblick auf Zeit und Geld eine langfristige Investition, und deshalb ist es sinnvoll, sich vorab gut zu informieren, damit die Pflanzen gedeihen und nicht kümmern oder sogar ersetzt werden müssen. Auch vorhandene Bauten, Grundstücksgröße und Sichtschutz müssen bei der Gestaltung einbezogen werden – so kann beispielsweise eine geschickt platzierte Hecke gleichzeitig Lärm- und Windschutz sein, die Privatsphäre schützen und sinnliche Dufterlebnisse bieten.

Himmelsrichtung und Lage

Die Ausrichtung des Gartens, also die Richtung, aus der das meiste Sonnenlicht kommt, ist ein wesentlicher Faktor. Zu ihrer Bestimmung können Sie einen Kompass verwenden oder einfach den Weg der Sonne im Tageslauf verfolgen und beobachten, an welchen Stellen es sehr heiß wird und welche Bereiche beständig im Schatten liegen. Da Sie an der Himmelsrichtung nichts ändern können, müssen Sie die Pflanzung den Lichtverhältnissen im Garten anpassen, damit Schattengewächse nicht in der prallen Sonne verbrennen und sonnenliebende Pflanzen nicht im Schatten verkümmern.

Auch die generelle Lage des Grundstücks ist sehr wichtig. Gärten in Stadtgebieten sind normalerweise relativ geschützt, und es herrschen wärmere Temperaturen vor. Auf dem Lande ist dagegen die Frostgefahr höher. An Küsten ist das Klima oft etwas milder, dafür ist die Luft salzhaltig und der Wind kann scharf sein. Solche Faktoren haben Einfluss darauf, welche Pflanzen in einem Garten optimal gedeihen.

Der Bodentyp

Die Beschaffenheit des Bodens bestimmt ebenfalls, welche Pflanzen sich im Garten am wohlsten fühlen. Zerreiben Sie einen Klumpen Gartenerde zwischen den Fingern. Zerkrümelt sie leicht, haben Sie es mit einem sandigen Boden zu tun. Bei klebriger Erde mit glänzender Oberfläche ist der Boden lehmig. Fühlt sich die Erde dagegen körnig an und klumpt sie beim Zusammendrücken, dann hat Ihr Garten einen Humusboden, in dem fast alle Pflanzen gedeihen. In sandigen Böden versickert Regenwasser schnell, sodass sie sich gut für Pflanzen eignen, die Trockenheit vertragen. Lehmböden trocknen nur langsam ab und sind günstig für Arten, die viel Feuchtigkeit brauchen.

Der pH-Wert

Aufgrund örtlicher Gegebenheiten wie das unterliegende Gestein ist der Boden eher sauer oder eher basisch. Im Gartencenter bekommt man Test-Sets zur Bodenanalyse, mit denen man den pH-Wert des Bodens bestimmen kann. Dieser Wert wird anhand einer Skala von 1 (sehr sauer) bis 14 (sehr basisch) angegeben. Für jede Pflanze gibt es einen optimalen pH-Bereich, in dem sie am besten gedeiht, und einen größeren Toleranzbereich, in dem sie überleben kann. Ein pH-Wert von 6,7-7 wird als neutral bezeichnet und eignet sich für sehr viele Pflanzen. Ist der pH-Wert niedriger, der Boden also sauer, gedeihen Kalk liebende Pflanzen wie Nelken (*Dianthus*) nicht mehr. Liegt der pH-Wert über 7, ist der Boden für Säure liebende Pflanzen (so genannte Kalkflieher) wie Rhododendron zu basisch. Weist Ihr Boden einen extremen pH-Wert auf, können Sie Pflanzen mit anderen Ansprüchen nur in Kübeln halten, wo Sie den pH-Wert der Topferde beeinflussen können. Wer den pH-Wert seines Gartenbodens kennt, kann Pflanzen auswählen, die sich in ihm wohl fühlen, und dadurch teure Fehlkäufe vermeiden.

Wer den pH-Wert des Bodens kennt, kann die für ihn geeigneten Pflanzen wählen. Rhododendron cubittii *bevorzugt saure Böden mit einem pH-Wert unter 6,5.*

Um den Boden zu analysieren, nehmen Sie an verschiedenen Stellen des Gartens aus etwa 10 cm Tiefe fünf kleine Proben (ohne Steine und Pflanzenreste) und geben diese zusammen in eine Plastiktüte. Nachdem Sie sie gemischt haben, kann man sie analysieren. Dabei sollte man die Anleitung, die dem Test-Set beiliegt, genau befolgen. Anschließend vergleichen Sie die Farbe der klaren Flüssigkeit im Teströhrchen mit einer mitgelieferten Farbskala, um den durchschnittlichen pH-Wert des Gartenbodens abzulesen. Wenn Sie die Proben nicht mischen, bezieht sich das Testergebnis nur auf den Bereich, aus dem die Einzelprobe stammt.

Vorhandene Elemente

Wer seinen Garten nicht auf einem neuen Grundstück anlegt, muss sich vermutlich mit Elementen arrangieren, die bereits vorhanden sind. Zunächst einmal lohnt es sich zu überlegen, ob sie tatsächlich unveränderlich sind. Ein Gewächshaus oder ein Schuppen mit einem geschütteten Betonfundament lässt sich wohl kaum versetzen. Besteht der Boden aber beispielsweise aus Betonplatten, liegen die Dinge etwas anders. Wenn Sie einen Gartengrundriss zeichnen (s. S. 44), sollten Sie solche unveränderliche Elemente unbedingt eintragen, damit Sie sie später, während der kreativeren Gestaltungsphase, nicht vergessen. Öltanks, Mülltonnen oder Kompostsilos sind keine Augenweide – die Planungsphase bietet sich geradezu an, Lösungen zu finden, wie solche Details versteckt werden können: Mit höheren Pflanzen, berankten Spalieren oder Flechtzäunen kann eine unattraktive Gartenecke in einen hübschen Anblick verwandelt werden.

Sichtschutz

Viele Menschen betrachten den Garten als ein Zimmer im Freien und wünschen sich einen guten Sichtschutz, um ungestört entspannen oder mit Freunden zusammensitzen zu können. Doch mit steigenden Grundstückspreisen werden Häuser und Gärten immer kleiner, sodass es zunehmend schwieriger wird, die Privatsphäre im Garten zu bewahren. Ein Garten, der schön anzusehen und komfortabel zu nutzen ist, lässt sich nur mit sorgfältiger Planung anlegen.

Normalerweise wünscht man sich einen sonnigen Sitzplatz. Doch bevor Sie mit seiner Planung beginnen, sollten Sie an der vorgesehenen Stelle einmal Platz nehmen, um so einen Eindruck davon zu bekommen, wie einsehbar sie ist und wie Sie sich hier fühlen. Spielen Sie in Gedanken mehrere Möglichkeiten durch und versuchen Sie vor Ort, sich deren Umsetzung vorzustellen. Ein benachbartes Fenster ließe sich beispielsweise mit einer größeren Pflanze, vielleicht einem kleinen Baum oder einer Konifere, abschirmen. Ist das Grundstück insgesamt sehr offen, bietet sich eine Hecke an: Sie kann gerade so hoch wachsen, dass sie zwar einen Sichtschutz darstellt, aber den Nachbarn nicht das Licht nimmt. Alternativ könnte man nur den Sitzbereich mit einem Sichtschutz versehen und den restlichen Garten offen lassen. Es ist unbedingt empfehlenswert, solche Überlegungen schon in der Planungsphase anzustellen und sie bei der Gartengestaltung von Anfang an zu berücksichtigen, denn nachträgliche Änderungen sind immer teurer und aufwändiger.

Grundstücksgrenzen

Fast alle Gärten haben einen Zaun, eine Hecke oder eine ähnliche Markierung der Grundstücksgrenze. Große Gärten sind manchmal zusätzlich in einzelne »Gartenräume« unterteilt. Die Art dieser Abgrenzungen – Mauern, Zäune oder Hecken – hat beträchtlichen Einfluss auf das Aussehen und die Atmosphäre des Gartens. Unter dem Aspekt des Duftes ist natürlich eine Hecke für diesen Zweck ideal. Und Hecken sind preiswerter als Mauern, dafür aber auch nicht so langlebig. Viele Duftpflanzen eignen sich ausgezeichnet zur Heckenpflanzung. Es ist eine Frage des Geschmacks, ob man sich für eine einzige Sorte oder für eine bunte Mischung entscheidet (s. S. 142-145).

Der Vorteil gemischter Hecken ist, dass sie zu jeder Jahreszeit etwas bieten. Die Pflanzen müssen aber im Wuchstempo gut aufeinander abgestimmt sein, sonst setzen sich schnellwüchsige Arten bald durch. Haben sich die Sträucher gut aufgebaut, kann man zwischen ihnen Kletterpflanzen setzen, die sich durch die Zweige winden und dann blühen, wenn die Blüte der Heckenpflanze bereits vorbei ist. Empfehlenswert sind kleine bis mittelgroße Kletterer, die die Hecke nicht überwuchern. Schlinger wie Geißblatt (*Lonicera*) sollte man meiden, weil sie andere Pflanzen erdrücken können.

Stachelige Duftpflanzen wie Kartoffelrose (*Rosa rugosa*) und Gewöhnliche Mahonie (*Mahonia aquifolium*) bieten sich für niedrige Begrenzungshecken an, die ungebetene Besucher fern halten und Gartenbenutzer daran hindern, Abkürzungen durch die Beete zu nehmen. Beide machen zweimal im Jahr von sich reden: im Sommer mit attraktiven, stark duftenden Blüten und im Herbst mit farbenfrohen Früchten. Die Mahonie ist außerdem immergrün. Wer bestehende Mauern oder Zäune erhalten will, kann natürlich auch eine duftende Hecke davor pflanzen. Schneller geht es aber, duftende Kletterpflanzen am Zaun oder an dekorativen Spalieren wachsen zu lassen. Wird das Grundstück von einem offenen Zaun begrenzt, sorgen solche Kletterpflanzen ganz nebenbei für angenehmen Sichtschutz.

Wege

Nehmen Sie sich Zeit und schlendern Sie durch Ihren Garten – und achten Sie dabei darauf, welche Strecken Sie besonders oft gehen. Zeichnen Sie auf dem Gartengrundriss die Wege ein, die Sie erhalten möchten, und planen Sie die Bepflanzung so, dass die Wege zu Sinnesreisen durch Duftwolken werden. Entsprechen die vorhandenen Wege nicht Ihrem Geschmack oder Ihren Bedürfnissen, dann sollten Sie sie frühzeitig verändern oder zusätzliche anlegen. Falls Sie jedoch die Kosten und Mühen scheuen, einen vorhandenen Weg zu entfernen, dann suchen Sie nach Möglichkeiten, ihn so in das Gesamtkonzept zu integrieren, dass er unaufdringlich oder sogar vorteilhaft wirkt. Sie könnten beispielsweise ein Bogenspalier aufstellen, an dem duftende Kletterpflanzen wachsen und den Blick vom unattraktiven Weg weg nach oben lenken.

Kleine Gärten

Viele Häuser, vor allem in Neubaugebieten, haben nur einen kleinen Garten. Es gibt aber einige bewährte Tricks, um ein kleines Grundstück größer wirken zu lassen. Pflanzt man beispielsweise mit zunehmendem Abstand vom Haus immer niedrigere Gewächse, wirkt der hintere Bereich des Gartens weiter entfernt, als er tatsächlich ist. Ebenso kann man am Haus Pflanzen mit großen Blüten und für die Grundstücksgrenze Arten mit kleinen Blüten wählen. Setzt man in Hausnähe auf Blüten in kräftigen Farben und platziert man mit zunehmender Entfernung Pflanzen in zarteren Tönen, rückt die Grundstücksgrenze ebenfalls optisch in die Ferne.

Denkbar wäre auch, die perspektivische Wirkung durch Mauern oder Spaliere zu beeinflussen. Stellen Sie sich ein Spalier vor, das am Haus volle Wandhöhe hat und zum Gartenende hin allmählich niedriger wird. Weil derartige Elemente normalerweise eine einheitliche Höhe haben, wird das Auge getäuscht und »sieht« mehr räumliche Tiefe, als tatsächlich vorhanden ist.

Eine dichte, hohe Hecke gliedert den Garten in Bereiche ganz unterschiedlichen Charakters. Der vordere Teil bietet ein Feuerwerk aus leuchtenden Farben, während der hintere Bereich mit dem Steinpavillon viel ruhiger wirkt.

Wahl des Gartenstils

Wenngleich bei der Planung eines Gartens einige grundlegende Aspekte zu berücksichtigen sind (s. S. 34 ff.), ist die Gestaltung weitgehend eine Frage des Geschmacks. Machen Sie sich zuerst klar, was Sie von den Pflanzen erwarten: Hätten Sie gern einen Garten voller Duftpflanzen, oder wollen Sie duftende und nicht duftende Arten kombinieren? Sollen nur Blüten duften oder auch Blätter? Möchten Sie, dass der Garten das ganze Jahr über oder nur zu bestimmten Jahreszeiten Farbe, Duft und andere interessante Merkmale bietet? Und beabsichtigen Sie, die Pflanzen für weitere Zwecke zu nutzen, etwa als Schnittblumen oder als Würzkräuter für die Küche? Es zahlt sich langfristig aus, solche Fragen frühzeitig zu klären.

Duft zur richtigen Zeit

Duftende Pflanzen sollten genau in der Zeit zum Einsatz kommen, in der Sie den Garten am häufigsten benutzen – wenn Sie also im Winter nur selten ihren Garten aufsuchen, ist es nicht sinnvoll, eine ganzjährig duftende Pflanzung anzustreben. In diesem Fall sollte man sich auf Pflanzen konzentrieren, die zu anderen Jahreszeiten die Sinne verwöhnen. Andererseits sollten Sie auch überlegen, ob Ihnen Düfte zu bestimmten Zeiten besonders gut tun: Menschen, die zu Winterdepressionen neigen, empfinden es als angenehm, gerade in den dunklen Monaten duftende Blüten aus dem Garten ins Haus zu holen. Beim Stichwort Duft denken wir meist zuerst an Blüten, doch auch duftende Früchte sind eine Bereicherung für den Garten – vor allem wenn die Hauptblütezeit bereits vorbei ist. Die Pflanzenverzeichnisse am Ende der Jahreszeiten-Kapitel helfen Ihnen, eine Auswahl ganz nach Ihren Bedürfnissen zu treffen. Machen Sie sich auch bewusst, zu welcher Tageszeit Sie den Garten überwiegend benutzen. Für Feierabendgärtner ist es eine gute Idee, in der Nähe vom Haus, den Wegen oder der Terrasse Arten zu pflanzen, die am Abend oder in der Nacht ihren Duft verbreiten.

- **Pflanzen mit duftenden Früchten**
  Drimys winteri, Gaultheria shallon, Helianthus annuus, Illicium majus, Laurus nobilis, Monodora myristica, Podocarpus andinus, Sassafras officinale, Syzygium aromaticum, Zanthoxylum americanum.

- **Pflanzen, die am Abend duften**
  Gladiolus tristis, Hesperis fragrans, Lonicera caprifolium, Mirabilis jalapa, Oenothera triloba, Petunia integrifolia, Silene noctiflora, Sisyrinchium odoratissimum, Verbena teucrioides, Zaluzianskya villosa.

Kräutergärten

Bereits in sehr alten Kulturen wurden Kräuter als Heilmittel und zum Würzen von Speisen verwendet. Heute erleben Kräuter eine Renaissance, und es kommen immer neue Arten und Sorten auf den Markt. Viele Kräuter stammen aus dem Mittelmeerraum und fühlen sich deshalb an einem sonnigen Platz mit durchlässigem Boden wohl. Die meisten kommen mit wenig Platz aus, sodass sich selbst in einem kleinen Beet oder in einem Kübel mehrere Sorten nebeneinander gut vertragen. Traditionelle Kräutergärten sind

*Geißblatt (*Lonicera*) und Rosmarin bilden um einen rustikalen Sitz mit nicht duftenden Pflanzen ein romantisches Ensemble im Stil eines Bauerngartens.*

*Lauch (*Allium*) und Katzenminze (*Nepeta*) säumen diesen Weg – farbenprächtige und duftende Bodendecker, die den Besucher dazu verführen, den hinteren Gartenbereich zu erforschen.*

so angelegt, dass sie zu allen Jahreszeiten gut zugänglich sind. Kies- oder Ziegelsteinwege erleichtern eine schnelle Ernte und sehen besonders schön aus, wenn sie in geometrischen Mustern wie Kreisen, Quadraten, Rauten oder Diagonalen angeordnet sind. Wenn Ihnen ein formaler Kräutergarten jedoch zu streng wirkt, können Sie natürlich auch eine lockere Anordnung mit unregelmäßig verlaufenden Wegen oder einzelnen Trittplatten wählen.

- **Kräuter für Pflanzgefäße**
  Allium schoenoprasum, Crocus sativus, Laurus nobilis, Mentha x *piperata* fo. *citrata, Mentha spicata* var. *crispa, Monarda didyma, Myrtus communis, Ocimum basilicum, Tanacetum parthenium, Thymus* x *citriodorus.*

- **Kräuter als Bodendecker**
  Chamaemelum nobile, Chamaemelum nobile 'Treneague', Mentha arvensis, Mentha pulegium, Mentha requienii, Thymus praecox, Thymus pseudolanuginosus, Vinca minor.

Gärten mit Schnittblumen

Wer gern gärtnert, möchte auch regelmäßig frische Blüten und Blätter für die Vase schneiden, die das Haus mit natürlichen Düften erfüllen. Dafür eignen sich vor allem Einjährige und Stauden, es gibt aber auch einige Sträucher, die einen sporadischen Schnitt nicht übel nehmen. Um den Zugang zu den Pflanzen zu erleichtern, sind Trittplatten die beste Lösung. Bedenken Sie aber, dass solche Gärten eine Menge Arbeit machen, denn die Pflanzen brauchen viel Wasser und Dünger, um immer wieder auszutreiben. Viele Arten kümmern oder sterben ab, wenn sie zu lange von ihren Reserven zehren müssen.

Gärten mit Einjährigen

Viele duftende Einjährige lassen sich gut für Potpourris und Trockensträuße verwenden. Da Einjährige innerhalb einer Vegetationsperiode keimen, blühen und absterben, kann man den Boden jeweils aufbereiten, wenn die Beete leer sind. Sämlinge der vorjährigen Kultur dürften wenig Probleme bereiten, weil die Blüten und Samenstände abgeschnitten und im Gartenschuppen getrocknet werden, bevor sie sich aussamen konnten (s. S. 28 ff.).

Gemischte Pflanzungen

Besonders beliebt sind Gartenanlagen mit einer breiten Vielfalt von Pflanzen: Sommergrüne und Immergrüne, Blüh- und Blattpflanzen, Gehölze (Bäume und Sträucher) und Beetblumen (Zwiebelpflanzen, Einjährige und Stauden). Ein derart abwechslungsreicher Garten hat zu jeder Jahreszeit etwas zu bieten. Grundsätzlich setzt man bei gemischten Gärten die niedrigen Pflanzen in den Beetvordergrund und die höheren weiter nach hinten. Will man nun aber im Winter beispielsweise den Duft eines Strauches im Hintergrund wahrnehmen, ist das nicht so einfach, denn zu dieser Jahreszeit kann die Erde in den Beeten meist nicht betreten werden. Deshalb sollten einige Duftpflanzen auch neben Wegen oder Haustüren stehen. Manche Sträucher duften im Winter herrlich, machen aber im Sommer wenig Staat. Diese kann man gut mit einer kleinen bis mittelgroßen Kletterpflanze kombinieren, die durch die Zweige wächst und im Sommer für Farbtupfer sorgt. Wasser hat einen besonderen Charme und verträgt sich gut mit Duftpflanzen. Besonders schön ist ein Teich, Wasserbecken oder Springbrunnen mit einer duftenden Uferbepflanzung in der Nähe eines Sitzbereiches, sodass man Anblick, Duft und vielleicht auch das Geräusch von Wasser unmittelbar genießen kann. Ein solches Arrangement lässt sich durch duftende Wasserpflanzen herrlich abrunden.

Duftende Pflanzen fühlen sich auch in gemischten Beeten wohl. Hier bilden Rosen einen Hintergrund für Sommerblumen wie Lauch (Allium), *Salbei* (Salvia) *und Pfingstrosen* (Paeonia).

Grundlagen der Gestaltung

Hinter einem wunderbaren Garten, in dem die Pflanzen in perfekter Harmonie nebeneinander gedeihen, könnte man ein Meisterwerk der Natur vermuten – und manchmal trifft das auch zu. In den meisten Fällen ist er aber doch das Ergebnis sorgfältiger Planung. Zwar kann jeder einen Garten entwerfen, aber nicht aus allen Entwürfen geht später auch ein schöner Garten hervor. Ob Sie eine formale, geometrische Anlage bevorzugen oder es lieber wild und naturnah mögen – einige Grundprinzipien der Gartengestaltung sollten Sie beherzigen, damit der Garten Ihren Ansprüchen gerecht wird. Dabei geht es um Ausgewogenheit, Rhythmus und Proportionen sowie die Notwendigkeit, den Garten als dreidimensionalen Raum zu begreifen und neben der flächigen Ausdehnung der Pflanzen auch ihre Höhe zu berücksichtigen.

Ausgewogenheit

Jedes Element des Gartens nimmt Platz ein – in physischer und in optischer Hinsicht. Die Kunst besteht darin, zwischen den verschiedenen Elementen und Bereichen Ausgewogenheit zu schaffen. Ein lebhaft bis unruhig bepflanztes Beet sollte durch eine schlichte Fläche ähnlicher Größe ausgeglichen werden, vielleicht durch einen gekiesten oder gepflasterter Bereich oder eine Holzterrasse. Ein Areal mit leuchtenden Farben braucht einen Gegenpol in sanften Tönen, der einerseits die Farbigkeit betont und andererseits dem Auge einen Ruhepunkt bietet. Ohne einen solchen Ausgleich kann ein Garten überfüllt, unruhig und beengend wirken. Findet man keine Möglichkeit, zurückzutreten und die Schönheit der Pflanzung zu bewundern, ist das Auge überfordert und der gewünschte Effekt stellt sich nicht ein.

Harmonie und Rhythmus

In der Musik sind Harmonie und Rhythmus die Faktoren, die alle Elemente zu einem Ganzen ohne störende Disharmonien verbinden. Im Garten erfüllen sie den gleichen Zweck, jedoch im visuellen Sinne. Damit ein Garten harmonisch wirkt, sollte man für die gesamte Anlage ein übergeordnetes Thema wählen, anstatt verschiedene Elemente unsystematisch zu kombinieren. Wer sich beispielsweise für runde Konturen entscheidet, sollte dabei bleiben und sie nicht mit Geraden mischen. Wählt man dagegen eine linear-geometrische Anlage, können geschwungene Elemente leicht deplatziert wirken. Mit größeren Pflanzengruppen lässt sich ein fließendes Design leichter gestalten, weil die einzelnen Farbflächen und ihre Zwischenräume größer sind und das Bild dadurch ruhiger wirkt. Natürlich kann man hier und da ausgewählte Solitärpflanzen setzen, die als Blickfänge auch ihre Umgebung aufwerten.

Ein Rasen erfüllt im Garten die gleiche Funktion wie ein Bodenteppich im Haus – er bildet eine optische Verbindung zwischen den Bereichen, ähnlich der Auslegeware, die die Zimmer miteinander verbindet und dadurch den »roten Faden« der Wohnung bildet. Auch gepflasterte Flächen können diese Funktion im Garten übernehmen. Ob Rasen oder Pflasterung, das Material sollte sich als optisches Bindeglied durch die ganze Anlage ziehen. Vereinzelt angelegte Rasen- oder Pflasterflächen unterbrechen diesen Rhythmus und lassen den Garten unruhig erscheinen.

Proportionen

Sind die Proportionen aller Gartenelemente aufeinander und auch auf die Grundstücksgröße abgestimmt, ist sichergestellt, dass kein Element dominiert. Ein stattlicher Baum oder eine große Pergola kann in einem kleinen Garten deplatziert wirken und so viel Raum einnehmen, dass auf anderes verzichtet werden muss. In einem großen Garten hingegen geht eine allzu zierliche Pergola neben größeren Elementen optisch leicht unter. Ein Garten mit beschränktem Platz erscheint durch kleinwüchsige Pflanzen und kleine Elemente, die den vorhandenen Raum nicht komplett ausfüllen, größer und weiträumig. Wählt man für das entfernte Ende eines langen, schmalen Gartens niedrige Pflanzen, wird er optisch noch mehr in die Länge gezogen. Hohe Gewächse bringen das Gartenende dagegen dem Auge vermeintlich näher.

Die dritte Dimension

Wer einen Garten gestaltet, sollte nicht nur zweidimensional denken. Beziehen Sie auch die dritte Dimension – die Höhe – mit ein. Es gibt eine Fülle senkrechter Gestaltungselemente. Mauern, Zäune und Spaliere können die Grundstücksgrenze markieren oder den Garten in Bereiche gliedern. Kletterpyramiden und Ranksäulen sehen in Beeten hübsch aus, und an Pfosten kann man Blumenampeln mit Hängepflanzen anbringen, die eine Verbindung zu den Beetpflanzen darunter herstellen.

Höhere Pflanzen oder begrünte feste Elemente eignen sich gut, um den Garten zu unterteilen. So kann man ihn nicht sofort auf einen Blick überschauen, sondern man wird eingeladen, durch den Garten zu schlendern und seine verborgenen Ecken und Winkel zu erkunden. Nicht jeder Garten ist groß genug, um ihn in verschiedene »grüne Zimmer« zu unterteilen, doch selbst in einem relativ kleinen Garten kann man separate Zonen schaffen.

Blickfang

Um den Blick gezielt auf einen bestimmten Bereich des Gartens zu lenken, bieten sich Dekorelemente wie Statuen, aber auch Wasserspiele oder besondere Pflanzen an. Dadurch wird die Aufmerksamkeit gleichzeitig von anderen, vielleicht weniger ansehnlichen Aspekten des Gartens abgezogen. Ist der Garten klein, sollte man eine zierliche Statue oder andere Dekoration wählen, um die Proportionen zu wahren. Gruppenpflanzungen haben – im Gegensatz zu einzelnen Pflanzen – die gleiche Wirkung, vor allem, wenn Blüten oder Laub interessant gefärbt sind.

Lösungen bei Platzmangel

Ein großes Problem begeisterter Gärtner besteht darin, dass der Platz nie ausreicht. Immer gibt es neue, faszinierende Pflanzen, für die noch ein Eckchen gefunden werden muss. Hier ist Fantasie

Dieser Rosengarten wirkt durch die kreisförmige Anordnung der Beete ausgewogen und erhält durch die Statue in der Mitte einen Blickfang. Die Rankbögen sind symmetrisch angeordnet und leiten den Blick nach oben.

gefordert: Wird eine Fläche gepflastert, lassen Sie die Fugen etwas breiter und pflanzen Sie darin niedrige Gewächse, die auch einen gelegentlichen Fußtritt nicht übel nehmen. Kriechender Thymian (*Thymus*) ist dafür ideal, weil er ungemein robust ist und beim Betreten einen würzigen Duft abgibt. Lücken in Trockenmauern können ebenfalls mit Thymian bepflanzt werden, der solch gut dränierte Standorte schätzt.

Wenn Sie größere Sträucher besitzen, die zu bestimmten Zeiten etwas langweilig aussehen, stellen Sie ihnen eine Kletterpflanze zur Seite, die zur gewünschten Zeit blüht. Feuerdorn (*Pyracantha*) beispielsweise blüht im Frühling weiß und trägt im Herbst leuchtende Beeren, sieht ansonsten aber eher unspektakulär aus. Kombiniert man ihn im Sommer oder Frühherbst mit einer blühenden *Clematis*, klettert diese am Strauch in die Höhe und schmückt ihn mit ihren Blüten. Bei solchen Zusammenstellungen muss jedoch darauf geachtet werden, dass die Kletterpflanze die Stützpflanze nicht beschädigt. Geißblatt (*Lonicera*) etwa ist ein starkwüchsiger Schlinger und kann Stützsträucher, die nicht äußerst robust sind, leicht erdrücken. Mit schwachwüchsigen Kletterern gehen Sie dieses Risiko nicht ein.

Der Gartengrundriss

Nachdem Sie eine Bestandsaufnahme gemacht, den Gartenstil gewählt und die Grundlagen der Gestaltung bedacht haben, sollten Sie einen Gartengrundriss zeichnen. Das ist nicht schwierig, und Sie brauchen dafür nicht mehr als kariertes Papier, Stift und Maßband. Eine maßstabsgetreue Skizze ist sehr hilfreich, um sich vage Gestaltungsideen konkreter vorzustellen. Außerdem kann die Zeichnung eine nützliche Gedächtnisstütze sein, falls nach der Pflanzung einmal Pflanzetiketten verloren gehen.

Messen Sie von Fixpunkten, etwa den Ecken des Hauses, den Abstand zu verschiedenen Stellen im Garten. Nehmen Sie für jedes Element des Gartens mindestens zwei Maße von verschiedenen Bezugspunkten aus, um die Position beim Übertragen der Maße auf das Papier eindeutig festlegen zu können. Wenn Sie kein Bandmaß in der nötigen Länge besitzen, schreiten Sie die Entfernungen einfach ab. Weil jeder Mensch unterschiedlich lange Schritte macht, sollte das Abschreiten immer dieselbe Person übernehmen. Am einfachsten ist es, den Grundriss auf kariertem Papier in einem passenden Maßstab zu zeichnen, beispielsweise ein Kästchen pro Meter.

Sind die Maße genommen, zeichnen Sie die Konturen von Haus und Garten mit Bleistift auf ein großes Blatt Papier. Dann werden alle Elemente eingezeichnet, die nicht verändert werden sollen, wie etwa ein Gewächshaus mit Ziegelboden. Ein Pfeil, der nach Norden zeigt, ist ebenfalls sinnvoll, weil er eine wichtige Gedächtnisstütze sein kann, wenn es an die Wahl der Pflanzen für sonnige und schattige Standorte geht. Sind Sie mit Ihrem Gartengrundriss zufrieden, zeichnen Sie die Linien mit schwarzem Filzstift nach. Jetzt sind Sie gerüstet für den kreativen Teil der Gestaltung.

Zeichnen Sie Ihre Ideen mit Bleistift in den Grundriss ein. Am besten fotokopieren Sie den Gartengrundriss einige Male, damit Sie mit verschiedenen Konzepten experimentieren können (das Original sollten Sie gut aufbewahren). Sagt Ihnen Ihr Plan zu, gehen Sie in den Garten und legen Sie die Konturen auf der Erde mit Materialien aus, die gerade zur Hand sind. Sie können Gartenschläuche für Wege benutzen, Pflöcke mit Schnüren für Zäune, Bälle oder Kartons für Sträucher. Ihre Nachbarn mögen sich wundern – aber Ihnen hilft dieser Arbeitsschritt, sich konkreter vorzustellen, wie Ihre Ideen real aussehen könnten.

Treten Sie zurück, um das Werk zu begutachten und bei Bedarf zu verändern. Vielleicht haben Sie die Größe eines Elements über- oder unterschätzt? Es ist wichtig, solche Aspekte frühzeitig zu prüfen. Wenn Materialien erst einmal bestellt sind, ist es schwierig, nicht benötigte Mengen zurückzugeben.

Pflanzpläne

Nachdem die Aufteilung des Gartens festgelegt ist, müssen die Pflanzen für die verschiedenen Bereiche ausgesucht werden. Haben Sie im Gartengrundriss ein Blumenbeet am Haus eingezeichnet, überlegen Sie jetzt, welche Arten Sie möchten und wie Sie diese im Beet verteilen. So stellen Sie sicher, dass alle Pflanzen ausreichend Platz zum Wachsen haben und dass große Gewächse kleinere nicht verdecken. Einige Anregungen für die Gestaltung mit Duftpflanzen finden Sie auf Seite 46 ff.

Arbeitsaufwand

Die folgenden Kapitel zeigen Ihnen auf, was in den verschiedenen Jahreszeiten im Garten zu tun ist. Lesen Sie sie genau und schätzen Sie ab, ob Ihr Wunschgarten viel oder wenig Pflege verlangt. Dann überschlagen Sie realistisch, wie viel Zeit Sie Ihrem Garten widmen können oder wollen – denn es hat keinen Sinn, einen wunderbaren Garten anzulegen, nur um ihn in den folgenden Jahren allmählich verwildern zu sehen.

Die Pflanzen an diesem Weg müssen regelmäßig geschnitten werden, um sie in Schach zu halten. Überlegen Sie vor der Pflanzung genau, wie viel Arbeit die gewählten Arten machen werden.

Düfte optimal einsetzen

Duftpflanzen haben viele gute Seiten – und weil die Duftwahrnehmung so subjektiv ist, mögen Menschen sie aus ganz unterschiedlichen Gründen. Für die meisten von uns liegt der größte Reiz in der erfrischend-freundlichen Stimmung, die ein Duftgarten an einem milden Tag vermittelt. Blumenduft schenkt gute Laune, Zufriedenheit und Wohlbehagen. Die elementare Wirkung von Düften sollte man nicht unterschätzen. Sie können Erinnerungen an vergangene Kindertage, an fast vergessene Orte oder Personen wecken. Hinsichtlich der Standortansprüche unterscheiden sich die Duftpflanzen, eines haben sie aber alle gemeinsam: Sie brauchen Windschutz. Je geschützter ihr Platz, desto intensiver ist ihr Duft.

Am Haus

Direkt am Haus sollten Sie Duftpflanzen in die Nähe von Fenstern und Türen pflanzen, die im Sommer regelmäßig offen stehen. Als duftende Fassadenkletterer bieten sich beispielsweise Glyzine (*Wisteria*), Sternjasmin (*Trachelospermum*), Rose (*Rosa*) und Geißblatt (*Lonicera*) an. Weil die Pflanzen aber unterschiedliche Standortwünsche haben, wird die Wahl letztlich davon diktiert, nach welcher Himmelsrichtung die Fassade ausgerichtet ist.

Versuchen Sie, für jeden Platz die ideale Pflanze zu finden. Geißblatt ist ein schöner »grüner Rahmen« für Schlafzimmerfenster: Da *Lonicera* von Nachtfaltern bestäubt wird, duftet es vor allem abends. Wird im Winter nur die Haupteingangstür benutzt, könnten Sie Seidelbast oder Schneeball in ihrer Nähe pflanzen, der Sie beim Kommen und Gehen stets mit seinem Duft begrüßt. Das ist besonders empfehlenswert, wenn Sie den übrigen Garten in der kalten Jahreszeit nicht nutzen. Düfte sind zu jeder Jahreszeit angenehm, und warum soll man Duftpflanzen nicht dort platzieren, wo man sie am besten genießen kann? Wer gern kocht, wird sich über eine gute Auswahl von Würzkräutern in bequemer Nähe zur Küchentür freuen, sodass auch Regen kein Hindernis ist, schnell ein paar Zweige zu schneiden.

Hat Ihr Wohnzimmer eine Tür zum Garten, pflanzen Sie in deren Nähe Arten, die im Spätfrühling, Sommer und Herbst blühen – also zu Zeiten, wo diese Tür häufig offen steht. Nutzen Sie alle Möglichkeiten, die Saison mit Kletterpflanzen, Bodendeckern und Kübelpflanzen zu verlängern.

Am Wegrand

Wege spielen eine wichtige Rolle. Sie führen zu Funktionsbereichen wie Wäscheleine, Komposthaufen und Mülltonne, verbinden die Bereiche eines Gartens und laden zur genüsslichen Entdeckungsreise ein. Viele Wege stellen an sich ein attraktives Element dar, aber jeder kann durch Pflanzen zusätzlich aufgewertet werden. Praktisch ist eine Einfassung aus niedrigen, duftenden Pflanzen, die sich leicht zurückschneiden lassen, wenn sie sich zu sehr ausdehnen. Stiefmütterchen (*Viola*), Thymian (*Thymus*), Kamille (*Chamaemelum*), Blaues Gänseblümchen (*Brachyscome*) und Lavendel eignen sich hierfür gut.

*Das Zitrusbäumchen (*Citrus limon*) hat neben der Tür den idealen Platz gefunden – so kann man seinen Duft drinnen wie draußen genießen. Mit rollbaren Untersetzern lassen sich auch große Kübel leicht bewegen.*

Wer einen Weg mit Baustoffen harter Oberfläche neu anlegt, kann ab und zu Lücken für niedrige Kriechpflanzen einplanen, die auflockernd wirken. Man muss dann jedoch darauf achten, sich keine »Stolperfallen« zu schaffen.

Am Sitzplatz

Terrassen und Holzdecks kann man ebenso mit Pflanzen säumen wie Wegränder. Dadurch mildert man strenge Konturen ab und entlockt dem Garten ein Maximum an Duft. Eine zauberhafte Idee für den Sitzbereich ist eine Pergola mit einem Dach aus duftenden Kletterpflanzen, unter denen man sich wunderbar entspannen und die Schönheit des Gartens genießen kann. Und eine Laube mit duftenden Kletterrosen ist an Romantik kaum zu übertreffen.

Am Essplatz

Welche Pflanzen in der Nähe des Esstischs günstig sind, hängt davon ab, was man von ihnen erwartet. Wer häufig tagsüber im Freien isst und sich Schutz vor der Mittagshitze wünscht, sollte laubreiche Kletterpflanzen wie etwa eine Glyzine (*Wisteria*) wählen. Wird der Essplatz hauptsächlich am Abend genutzt, bieten sich Arten an, die erst bei Dämmerung zu duften beginnen, zum Beispiel Geißblatt (*Lonicera*) oder Nachtlevkoje (*Matthiola bicornis*).

Wer gern im Freien grillt oder kocht, wird auch Würzkräuter in der Nähe schätzen. Bei Sonnenhitze geben sie ihre ätherischen Öle an die Luft ab, und beim Zubereiten der Mahlzeiten sind sie praktisch zur Hand. Manche Pflanzen vertreiben auch Insekten, was am Esstisch im Freien ein großes Plus ist. Ameisen beispielsweise verabscheuen den Geruch von Minze, darum ist eine Terrasseneinfassung aus niedriger Poleiminze (*Mentha pulegium*) ein ausgezeichneter Schutz.

Gut platziert

Ein gekonnt gestalteter Garten hat mehr als einen Blickfang. Mit sorgfältig platzierten Dekorationen wie einer Statue oder einem Wasserspiel bietet er immer wieder Überraschungen. Duftpflanzen eignen sich gut als Ergänzung für solche Elemente. Man kann verschiedene Pflanzen wählen und so anordnen, dass ihr Duft allmählich zunimmt: Aus der Ferne ahnt man nur einen Hauch, beim Nähertreten wird er stärker und erreicht beim Dekorationselement seinen Höhepunkt. Übertreiben sollte man dies aber nicht, denn ist ein Duft zu intensiv, kann er unangenehm werden und dazu führen, dass man sich in der Nähe der schönen Dekoration nicht lange aufhält.

Wählen Sie zur Einrahmung von Blickfängen Pflanzen, deren Duft Sie besonders mögen. Für ein Wasserbecken oder einen Teich eignet sich naturgemäß nur eine begrenzte Zahl von Pflanzen, doch die Auswahl ist immer noch groß genug, dass jeder seine Favoriten finden kann – von den eleganten Seerosen bis zum hübschen Kalmus (*Acorus calamus*) mit zartem Zimtduft. Wenn Sie mehrere duftende Pflanzen kombinieren, sollten Sie darauf achten, dass die Duftnoten harmonieren.

Abenddüfte

Was kann schöner sein als ein entspannter, langer Sommerabend im Garten? Wenn die Luft voller Düfte ist, wird der Genuss vollkommen. Viele Pflanzen duften tagsüber, einige entfalten ihren Duft jedoch erst am Abend, weil sie von Nachtfaltern und anderen nachtaktiven Insekten bestäubt werden. Verschiedene Sorten von Geißblatt (*Lonicera*), Ziertabak (*Nicotiana*), Gartenresede (*Reseda odorata*), Nachtlevkoje (*Matthiola bicornis*), Japanische Wunderblume (*Mirabilis jalapa*), Lilie (*Lilium*), Phlox, Nachtkerze (*Oenothera*), Rose (*Rosa*) und Nachtviole (*Hesperis*) duften am Abend betörend. Pflanzen Sie sie in die Nähe von Fenstern und Außentüren oder um Ess- und andere Sitzbereiche.

*Die hübschen rosaweißen Blüten der Prachtlilie (*Lilium speciosum*) verströmen abends einen süßlichen Duft und eignen sich daher besonders gut für Sitzbereiche.*

Duftpflanzen in Töpfen und Kübeln

Der große Vorteil von Kübelpflanzen ist, dass man sie dahin stellen kann, wo sie am besten zur Geltung kommen. Stufen, die zu einer Tür führen, wirken viel einladender, wenn dort eine Reihe von Pflanzen Spalier stehen, deren Duft den Besucher auf dem Weg zur Tür begleitet. Auch an der Haustür sind Duftpflanzen ein schöner Willkommensgruß.

Auf der Terrasse können jeweils die Kübel in den Vordergrund gerückt werden, deren Pflanzen gerade in Blüte stehen. Ist der Flor verwelkt, platziert man sie wieder weiter weg. So ist immer für Abwechslung und frischen Duft gesorgt. Wenn Gäste kommen, werden die Pflanzgefaße näher an den Tisch geholt, und ist es zu kalt, um draußen zu sitzen, stellt man sie kurzerhand ans Fenster oder die Tür des Esszimmers.

Große, schwere Kübel lassen sich leichter bewegen, wenn man vor dem Bepflanzen Rollen an den Boden schraubt. Solche fahrbaren Kübel bieten sich beispielsweise am Essplatz als mobiler Blickfang an. Für diesen Zweck eignen sich Kletterpflanzen an Kletterpyramiden oder Ranksäulen, aber auch kleinwüchsige Bäume. Fast alle Pflanzen gedeihen in Kübeln, wenn sie gut gepflegt werden. Sogar Obstbäume wie etwa ein Apfelbäumchen (*Malus*) ist hierfür geeignet – nur sollte man eine Sorte wählen, die auf einer zwergwüchsigen Unterlage veredelt ist, und man darf natürlich regelmäßiges Gießen, Düngen und Umtopfen nicht vergessen.

Duft für alle Jahreszeiten

Kein Monat des Jahres muss ohne Blüten vergehen. Es gibt durchaus Arten, die im tiefen Winter blühen. Erstaunlicherweise duften manche Winterblüher besonders intensiv – da im Winter nur wenig bestäubende Insekten unterwegs sind und müssen die Pflanzen deutlichere Duftsignale geben. Allerdings sehen viele der Winterblüher zu anderen Jahreszeiten ziemlich unspektakulär aus. Am besten pflanzt man sie an einen Weg oder einen anderen Platz, an dem man im Winter den Duft gut wahrnimmt, und stellt ihnen für den Rest des Jahres farbenfrohe Gefährten zur Seite. Sehr hübsch sieht es aus, wenn durch das Geäst eines winterblühenden Schneeballs (*Viburnum farreri*) eine zierliche *Clematis texensis* klettert, die ihn im Sommer mit ihren Blüten schmückt.

Düfte im Haus

Im Haus gibt es viele Verwendungsmöglichkeiten für Duftpflanzen. Getrocknete Blüten und Blätter bieten sich für Potpourris in hübschen Schalen an (s. S. 30). Schnittblumen in Vasen sind ein Klassiker, und außerdem gibt es viele Duftpflanzen, die im Haus oder im Wintergarten gedeihen. Sie alle bieten mit ihrem Anblick und Duft einen sinnlichen Raumschmuck. Einige süße Düfte sind allerdings so schwer und betörend, dass sie sich besser für große, kühle Bereiche wie eine Diele eignen als für kleine geheizte Wohnräume.

Kann man schöner aufwachen als beim Duft von Rosen, die an der Fassade bis zum Schlafzimmerfenster klettern?

Kapitel drei

3

DER DUFTGARTEN IM FRÜHLING

DER DUFTGARTEN IM FRÜHLING

DER DUFTGARTEN IM FRÜHLING ...

Pflanzen für den Frühling

Noch vor wenigen Wochen regte sich im Garten anscheinend gar nichts, und jetzt explodiert er förmlich vor Farben und Energie. Als wollten sie miteinander wetteifern, zeigen sich die Pflanzen im frischesten Grün und schönsten Blütenkleid, die Luft ist wie parfümiert und erfüllt von Bienengesumm. Angesichts der Vielzahl von Pflanzen, die im Frühjahr betörende Düfte verbreiten, hat man als Gartenbesitzer beinahe die Qual der Wahl. Zwei Gruppen setzen sich zu dieser Jahreszeit besonders in Szene: Bäume, die allein schon durch ihre Größe imponieren, sowie Zwiebelpflanzen in herrlichsten Formen und Farben.

Große Bäume

Bäume schaffen Privatsphäre, sie sorgen für gute Luft und erweitern den Garten nach oben. Große Areale vertragen imposante Bäume wie die Gemeine Rosskastanie (*Aesculus hippocastanum*), die kleine, süßlich duftende Blüten in schlanken, aufrechten Rispen trägt. Für Gärten mittlerer Größe eignen sich besonders viele Arten, etwa *Malus hupehensis* (Teeapfel), *Prunus* x *yedoensis* (Yoshinokirsche) oder *Magnolia* x *soulangeana* (Tulpenmagnolie), die zu Beginn der neuen Saison einen prächtigen Anblick bieten.

Kleine Bäume

Für Terrassen oder kleine Gärten muss man ganz gezielt auswählen. Sowohl der Goldregen *Laburnum* x *watereri* 'Vossii' als auch der Erdbeerbaum *Arbutus andrachne* entwickeln einen attraktiven, zierlichen Habitus, wachsen aber bevorzugt direkt im Boden. Für Pflanztröge empfehlen sich dagegen Obstgehölze, die auf schwach wachsende Unterlagen gepfropft sind – etwa Apfelbaum (*Malus*) auf M(= *Malus*)27. Ebenfalls für die Kübelkultur geeignete Pflanzen, die im Frühjahr mit ihrem Duft und später mit ihren Früchten erfreuen, sind kleine Formen von Pfirsich (*Prunus persica*), Aprikose (*Prunus armeniaca*) und Nektarine (*Prunus persica* var. *nucipersica*).

Duftende Zwiebelpflanzen fürs Freiland

Stellen Sie für Ihre Beete oder Töpfe ganz nach Wahl farblich fein abgestimmte oder kunterbunte Arrangements zusammen. Je nach Standort können Sie aus 5–50 cm hohen Arten und Sorten auswählen. In dekorativen Töpfen zusammengepflanzt, bilden kleinere Zwiebelgewächse in voller Blüte einen schönen Blickfang Wenn die Welke einsetzt, lassen Sie sie in einer abgeschiedenen Gartenecke einziehen. Osterglocken und andere Vertreter der *Narcissus*-Gattung duften sehr intensiv und liefern außerdem schöne Schnittblumen.

Duftende Zwiebelpflanzen fürs Haus

Besonders beliebt sind die zahlreichen weiß, rot, blau, gelb oder orange blühenden *Hyacinthus*-Sorten, die man schon ab Beginn des Jahres vorgetrieben kaufen kann. Während draußen noch der Winter regiert, entfalten sie bereits ihre attraktiven Blüten. Zu mehreren in einem großen Gefäß gruppiert, verströmen sie einen umso intensiveren Duft.

Für mittelgroße Gärten ist Magnolia x soulangeana *'Rustica Rubra' mit ihrem stark duftenden blassrosa Frühjahrsflor ideal.*

Das Wetter und seine Auswirkungen

In dieser Jahreszeit kann das Wetter trügerisch sein. Wärme und strahlender Sonnenschein aktivieren den Wuchs der Pflanzen, harsche Nachttemperaturen weisen sie dann wieder in ihre Schranken. Selbst erfahrene Gärtner können im vorgerückten, mitunter schon milden Frühjahr durch Spätfröste buchstäblich kalt erwischt werden. Damit überraschenden Temperaturstürzen nicht die Triebspitzen, das junge Laub oder gar ganze Pflanzen zum Opfer fallen, sollte man Vorsorge treffen (s. »Windschutz«, S. 55, und »Hauben«, S. 57). Ein Windschutz ist in zweifacher Hinsicht nützlich: Von den Pflanzen ausgeschiedene Duftstoffe (ätherische Öle) werden nicht gleich »vom Winde verweht« und die Blüten nicht von kräftigen Böen zerzaust.

Der Erdbeerbaum Arbutus andrachne *zeigt im Frühjahr anmutige weiße Blüten, die nach Honig duften. Im Herbst trägt er erdbeerähnliche Früchte. Er ist perfekt für kleine Gärten geeignet.*

Gartenarbeiten im Frühling

Im Frühjahr gibt es im Garten beinahe immer etwas zu tun: Die zarten Sämlinge brauchen regelmäßig Wasser sowie Schutz vor kalten Winden, und ausgewachsene Pflanzen sollten gedüngt und geschnitten werden, damit sie reich blühen. Außerdem muss man konsequent gegen Unkräuter vorgehen, die zu dieser Jahreszeit scheinbar über Nacht sprießen. Um ihnen Einhalt zu gebieten, kann man eine dicke Mulchschicht aufbringen oder auch dicht belaubte Bodendecker pflanzen – jetzt ist genau die richtige Zeit dafür. Fast weiß man nicht, wo man anfangen soll. Umso wichtiger ist es zu entscheiden, welche der anstehenden Aufgaben gerade die vordringlichste ist.

Düngen

Düngergaben im Frühjahr versorgen die Pflanzen mit den Nährstoffen, die sie brauchen, um kräftig zu wachsen, zu blühen und zu fruchten, aber auch, um den Attacken von Schädlingen und Krankheitserregern zu widerstehen. Über den Winter hat der Regen die im Boden enthaltenen Nährstoffe in Tiefen geschwemmt, die für die meisten Wurzeln unerreichbar sind. Daher muss man sie im Frühjahr wieder durch einen Universaldünger beifügen. Andernfalls werden die Pflanzen zwar nicht gleich einen Mangelzustand offenbaren, doch im Lauf der Zeit verlangsamt sich ihr Wachstum, und ihre Blüten werden immer kleiner.

Zu den Nährstoffen, auf die Pflanzen angewiesen sind, zählen insbesondere Stickstoff (N), Phosphor (P) und Kalium (K), aber ebenso Spurenelemente wie Magnesium und Kupfer. Auf der Verpackung des Düngers ist das Mischungsverhältnis der drei wichtigsten Elemente angegeben, von denen jedes auf andere Art und daher jeweils in einer bestimmten Phase der Wachstumsperiode wirkt. Vereinfacht gesagt, ist Stickstoff für kräftige, gesunde Triebe und große Blätter, Phosphor für die Wurzeln und Kalium für Blüten und Früchte zuständig. Daher profitieren die meisten Pflanzen von höheren Stickstoff- und Phosphorgaben vornehmlich während des verstärkten Wachstums im Frühjahr und weniger im Sommer, wenn eher Kalium gefragt ist. Dieses sollte für die Bildung großer, intensiv duftender Blüten ab Frühjahrsende vermehrt zugeführt werden. Wer indes mehr Wert auf wohlriechendes Laub legt, sollte im Spätfrühling einen stickstoffbetonten Dünger verabreichen.

Schnitt

Ein üppiger Flor setzt einen fachgerechten Schnitt voraus, denn durch das Entfernen abgeblühter Triebe regt man die Bildung von neuem, blühwilligem Wuchs an. Falls Sie sich nicht sicher sind, welcher Strauch wann geschnitten wird, nehmen Sie diese Arbeit am besten nach der Blüte vor. So kann sich die Pflanze ein Jahr lang von dem Eingriff erholen.

Unkrautbekämpfung

Der Kampf gegen Unkräuter im Garten ist ein Dauerthema, und im Frühjahr sprießen sie offenbar schneller als alles andere. Doch es gibt effizientere Methoden als das mühsame Auszupfen von Hand. Alle Sämlinge, auch die von Unkräutern, brauchen Licht zum Wachsen, und das kann man ihnen nehmen – zum Beispiel durch einen Mulch aus Rindenhäcksel. In einem Duftgarten empfiehlt es sich aber eher, Pflanzen als Bodendecker einzusetzen, die mit ihrem üppigen Laub und/oder Blüten zusätzlich die Luft parfümieren. Geeignet sind etwa niedrige Arten von Rosen (*Rosa*) oder Thymian (*Thymus*).

Wer im Sommer viele Blüten wünscht, darf im Frühling das Düngen nicht vergessen – für kräftige Pflanzen sind Stickstoff- und Phosphorgaben wichtig.

Der zierliche Seidelbast Daphne retusa *macht sich zweifach nützlich: als Bodendecker, der Unkraut unterdrückt, und als Duftspender.*

Windschutz

Solange die jungen Triebe und Blätter im Frühjahr noch weich und entsprechend empfindlich sind, kann sie frischer, kräftiger Wind stark schädigen. Durch anhaltenden kalten Wind kühlen und trocknen die Zellen aus, sodass die Blätter wie versengt wirkende Flecken bekommen.

Eine solche »Verbräunung« lässt sich durch den zeitweiligen Einsatz von Gitterfolie, Gartenvlies oder Hauben ebenso verhindern wie durch einen dauerhaften Windschutz, etwa eine solide Mauer. Sie birgt allerdings die Gefahr, dass sie den Wind nach oben ablenkt und die dadurch entstehenden Turbulenzen bei etwaigen Pflanzen auf der anderen Seite der Mauer stärkere Schäden verursachen, als sie der ursprüngliche Wind hervorgerufen hätte. Vorzuziehen sind daher leicht winddurchlässige Barrieren aus Gitterfolie, Flechtzäune oder Hecken. Sie alle schützen nebenbei auch noch gegen neugierige Blicke von außen.

In kleineren Gärten kann ein Bambus oder eine andere geeignete Pflanze in einen Kübel gepflanzt und auf einen fahrbaren Untersatz gestellt werden. Je nach Bedarf wird sie dann von einem Platz zum anderen gerollt und dort eingesetzt, wo gerade ein Windschutz nötig ist.

Vermehrung & Pflanzung

Jetzt, wo es wieder heller und wärmer wird, steht die Pflanzenvermehrung aus Samen ganz oben auf der Tagesordnung. Dies gilt umso mehr, wenn Sie Ihren Garten mit duftenden Einjährigen schmücken wollen, schließlich benötigen die Pflänzchen eine Weile, bis sie die Blühreife erreichen. Indem Sie nacheinander mehrere Aussaaten vornehmen, können Sie sich den ganzen Sommer an schönen Blüten erfreuen. Zudem ist jetzt die Zeit, um die Bestände von Pelargonien und ähnlichen Pflanzen durch Weichholzstecklinge aufzustocken. Alle Jungpflanzen müssen regelmäßig umgetopft werden, damit sie sich kräftig entwickeln, und sind auf Schutz gegen widrige Witterungseinflüsse angewiesen.

Sämlinge und Stecklinge

Um bis zum Ende der warmen Jahreszeit in den Genuss prächtiger Blüten zu kommen, führt man nacheinander mehrere Aussaaten durch. Zudem können Sie die Bestände Ihrer vorhandenen oder neu erworbenen Pflanzen aufstocken, indem Sie von ihnen Stecklinge nehmen.

Ein Gewächshaus ist eine ideale »Kinderstube« für Garten- und Zimmerpflanzen. Ist es beheizt, können Sie es außerdem nutzen, um frostempfindliche Pflanzen zu schützen und andere ein wenig anzutreiben, damit sie während der kälteren Monate des Jahres als Lückenfüller im Garten dienen. Falls Sie kein Gewächshaus besitzen und direkt ins Freiland aussäen, schützen Sie die Samen über Nacht und bei schlechtem Wetter mit einer Abdeckung (s. u.).

Ruhepausen

Während die Stellagen des Gewächshauses von den Sämlingen und Stecklingen besetzt sind, bietet sich die darunter befindliche Bodenfläche als Ruhebereich für abgeblühte Zimmerpflanzen an. Zwiebelgewächse sind nicht eben eine Augenweide, wenn ihr Laub einzieht, aber sie brauchen Gelegenheit, Kraft für die nächste Saison zu tanken. Eine Ecke im Gewächshaus oder ein Kalter Kasten sind hierfür wie geschaffen.

Auspflanzen

Sämlinge bedürfen besonderer Aufmerksamkeit, damit sie sich kräftig entwickeln, ohne dabei Schädlingen, Krankheiten oder schlechtem Wetter zum Opfer zu fallen. Wenn sie in Schalen oder Töpfen wachsen, werden sie zur Abhärtung tagsüber den Elementen ausgesetzt und abends wieder hereingeholt, bis es so warm ist, dass sie rund um die Uhr im Freien bleiben können. Lassen Sie sich durch eine Reihe milder Tage nicht dazu verleiten, sie auszupflanzen, bevor die Gefahr von Spätfrösten endgültig vorbei ist.

Einen perfekten Mittelweg bieten ein unbeheiztes Gewächshaus oder ein Kalter Kasten. Dort ist es wärmer als im Freien, aber kühler als in Wohnräumen. Der Nachteil liegt allerdings darin, dass bei unvorhergesehen auftretendem, extremem Frost wertvolle Pflanzen eingehen können.

Nachdem die Sämlinge erfolgreich abgehärtet wurden, pflanzt man sie an einen gut vorbereiteten Platz, an dem sie zu voller Größe heranwachsen.

Pelargonien lassen sich im Frühjahr durch Weichholzstecklinge vermehren. Für einen kräftigen Wuchs muss man die Pflänzchen regelmäßig umtopfen.

Im Frühjahr läuft die Vermehrung aus Samen auf Hochtouren. All die damit verbundene Mühe wird im Sommer reich belohnt.

Düngen von Jungpflanzen

Entweder arbeitet man gleich beim Auspflanzen von Sämlingen und Stecklingen einen geeigneten Dünger ins Erdreich ein, oder man verabreicht einen Flüssigdünger, sobald die Pflanzen sichtbar kräftig wachsen (dies ist besonders bei einer Direktaussaat an Ort und Stelle zu empfehlen). Flüssigpräparate lassen sich bequem beim Gießen ausbringen, was regelmäßig geschehen sollte, da ein Teil davon immer wieder ausgeschwemmt wird.

Schutz für Jungpflanzen

Die Witterung kann das Wachstum erheblich beeinflussen. Bricht eine Schlechtwetterperiode herein, entscheidet vor allem in exponierten Lagen ein Windschutz über Leben und Tod von Jungpflanzen. Im Frühjahr reicht es mitunter schon, frisch ausgepflanzte Sämlinge vorübergehend mit einem Geflecht zu schützen. Ist der Garten hingegen ganzjährig starken Winden ausgesetzt, sollte man eventuell eine dauerhafte Lösung erwägen (s. »Windschutz«, S. 55).

Einsatz von Hauben

Eine Haube ist ein kleineres, meist leicht tragbares Hilfsmittel, das man zum Schutz gegen die Witterung über eine einzelne Pflanze stülpt. Ob aus Glas oder Kunststoff, solche Hauben sollten in jedem Fall möglichst viel Licht durchlassen. Man kann sie auch einsetzen, um die nächtliche Kälte abzuhalten, und morgens dann wieder entfernen. So abgeschirmt, entwickeln sich die Pflanzen schneller als ungeschützte Artgenossen und bilden früher schönere Blüten. Aus Drahtbügeln, die man in die Erde steckt, und Kunststofffolie lassen sich größere Tunnel herstellen, die gleich eine ganze Reihe abdecken. An einer noch nicht bepflanzten Stelle eingesetzt, sorgen solche Abdeckungen dafür, dass sich der Boden rascher erwärmt und Pflanzen dort früher gesetzt werden können.

Schnitt

Manche Gehölze haben ein wirklich erstaunliches Blühverhalten. Kaum scheint im Winter kurz die Sonne, sind sie schon übersät von Knospen, die, sobald sie sich öffnen, einen kräftigen Duft verströmen. Solche Pflanzen müssen im Frühjahr gleich nach der Blüte geschnitten werden, damit sie auch in den folgenden Jahren einen üppigen Flor bilden.

WAS SIE BRAUCHEN

Werkzeug: Gartenschere, Astsäge, Grabgabel

Zu den strauchig wachsenden Pflanzen, deren Blüte in die kalte Jahreszeit fällt, gehören bestimmte Geißblatt-Arten wie etwa *Lonicera standishii* (Stinkende Heckenkirsche), die von Spätherbst bis Winterende blüht, oder *L. fragrantissima* (Wohlriechende Heckenkirsche) und *L.* x *purpusii*, bei denen die Blüten von Wintermitte bis Frühlingsmitte erscheinen – und zwar meistens am neuen und nur sehr selten am zweijährigen Holz. Folglich müssen die Pflanzen geschnitten werden, damit in der nächsten Saison neue Blütentriebe nachwachsen,.

Der beste Zeitpunkt dafür ist das Frühjahr. Indem man den Wuchs entfernt, der welke Blüten trägt, hat man die Gewissheit, richtig zu schneiden. So schafft man den notwendigen Platz für neue, Blüten tragende Triebe. Mit zunehmendem Alter der Pflanze muss außerdem alljährlich etwa ein Viertel der ältesten Haupttriebe bis zum Grund zurückgeschnitten werden, um insgesamt ein lichteres Gerüst zu erreichen und die Strauchmitte so offen zu halten, dass von unten neue Triebe nachwachsen können.

Tipp: Sträucher wie *Daphne bholua*, *Jasminum nudiflorum*, *Mahonia* x *media*, *Sarcococca humilis*, *Viburnum* x *bodnantense* und die oben genannten *Lonicera*-Arten bilden oft lange Triebe, die sich bis auf die Erde neigen und an dieser Stelle wurzeln. So erhält man auf natürliche Weise Nachwuchs. Man muss nur abwarten, bis die Absenker ein eigenes kräftiges Wurzelsystem entwickelt haben, bevor man sie von der Mutterpflanze trennt und separat pflanzt.

Als Erstes wird sämtliches abgestorbene, kranke oder beschädigte Holz herausgeschnitten. Dann entfernt man Triebe, an denen welke Blüten sitzen, knapp über einem kräftigen Augenpaar nahe am Haupttrieb.

Möglichst dicht über dem Grund etwa ein Viertel der ältesten – meist stärkeren und von dunkler Borke überzogenen – Haupttriebe entfernen. Für dicke Triebe eignet sich eine Astsäge besser als die Gartenschere.

Gesunde Jungtriebe in der Mitte der Pflanze beim Schneiden nicht verletzen, denn sie ersetzen einmal den alten Wuchs, der gerade entfernt wird.

Sich überneigende Triebe, die im Kontakt mit dem Erdreich Wurzeln gebildet haben, von der Mutterpflanze trennen. Die Absenker mit einer Grabgabel vorsichtig aufnehmen und nach Belieben separat pflanzen.

Übermäßig lange, dünne Jungtriebe um ein Drittel kürzen. Den Schnitt stets über einem gesunden Augenpaar setzen. So schließt sich die Wunde schneller, und das Risiko, dass die Triebe absterben, ist kleiner.

Um der Entstehung von Krankheiten vorzubeugen, alle herausgeschnittenen Triebe rings um die Pflanze aufsammeln. Gesunde Gartenabfälle können gehäckselt, krankes Material sollte verbrannt werden.

Duftende Bodendecker

Ein duftender Garten lässt sich durchaus pflegeleicht gestalten. Denn es gibt viele moderne, betörend duftende Rosen-Sorten, die einen niedrigen und dabei ausladenden Wuchs an den Tag legen und so im Lauf der Zeit ein dichtes Laubdach bilden. Sie können gewissermaßen als lebender Mulch eingesetzt werden, gegen den viele der verbreiteten Gartenunkräuter keine Chance haben.

WAS SIE BRAUCHEN

Werkzeug: Spaten, Messer, Schubkarre, Grabgabel

Materialien: Topfrosen, schwere Pflanzfolie, organisches Mulchmaterial

Damit Bodendecker ihren Zweck zuverlässig erfüllen, muss ihr Standort gut vorbereitet und gründlich von den Spuren ausdauernder Unkräuter befreit sein. So erhalten die neu gesetzten Pflanzen optimale Startbedingungen. Indem Sie Bodendecker-Rosen mit Mulchmaterial kombinieren, erzielen Sie einerseits eine noch effektivere Boden bedeckende Wirkung und andererseits einen überraschenden ästhetischen Effekt: Pflanzt man Rosen durch eine Kunststofffolie, auf der man anschließend eine Lage dunkelbraune Rindenhäcksel oder Holzspäne verteilt, ergibt sich ein reizvoller Kontrast zwischen dem nuancenreichen Laub und der Struktur des Mulchmaterials.

Es sprechen vor allem drei Gründe für eine solche Abdeckung der Folie: Durch das Gewicht des Mulchmaterials kann sie nicht weggeweht werden; optisch nicht eben ein Gewinn, wird sie gut kaschiert; und das Mulchmaterial sorgt dafür, dass die Folie unter dem Einfluss der Sonne nicht so schnell zerfällt. Die Hauptfunktion der Folie ist, Unkräuter solange zu unterdrücken, bis die neu gesetzten Pflanzen einen dichten Laubteppich gebildet haben, und die Verdunstung von Bodenfeuchtigkeit zu verhindern, sodass Sie kaum gießen müssen. Die regelmäßige Pflege beschränkt sich normalerweise auf das Entfernen verwelkter Blütenköpfe, damit die Rosen während der Wachstumsperiode kontinuierlich neue duftende Blüten hervorbringen.

Tipp: Bodendecker-Rosen werden gleich nach der Blüte mit einer Heckenschere leicht gestutzt. Entfernen Sie dabei ungefähr das obere Drittel der Pflanzen. Dadurch wird die Bildung einer neuen Generation von Blüten angeregt.

Als Erstes markiert man die Platzierung der Rosen auf dem Beet. Am besten verteilen Sie dafür die noch eingetopften Pflanzen auf der Fläche – so erhalten Sie eine klare Vorstellung vom fertigen Beet.

An den einzelnen Positionen Löcher graben, in denen die Ballen bequem Platz haben. Den Oberboden häufen Sie dabei in der Nähe der Pflanzlöcher an, den Unterboden verteilen Sie über das restliche Beet.

Nun breiten Sie die Pflanzfolie über dem Beet aus. Die Ränder werden mindestens 15 cm tief in die Erde eingegraben, wobei man die Folie möglichst straff spannt.

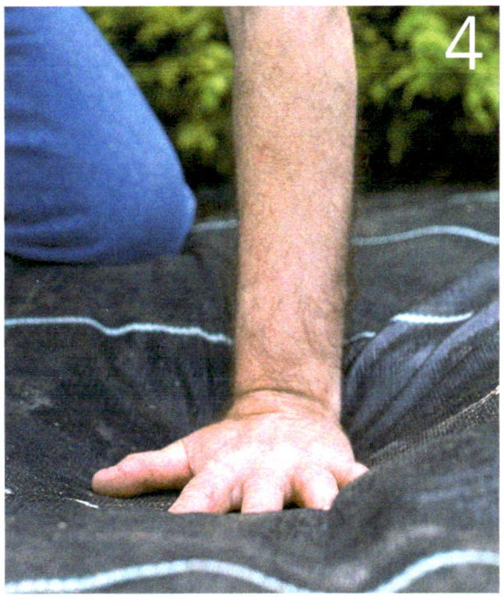

Lokalisieren Sie durch vorsichtigen Druck auf die Folie die Pflanzlöcher, und schneiden Sie die Folie an diesen Stellen kreuzweise ein.

Die Folienzipfel über den Pflanzlöchern zurückschlagen. Die Rosen am Haupttrieb oder Laub fassen, aus den Töpfen lösen und in die Löcher setzen. Mit dem Oberboden auffüllen und die Erde behutsam andrücken.

Die Folienzipfel wieder umlegen – sie sollen die Basis der Pflanzen sauber umschließen. Um die Folie zu kaschieren, verteilen Sie über ihr eine Lage organisches Mulchmaterial wie Rindenhäcksel oder Holzspäne.

Sinnliches Raumklima

Zu Frühlingsbeginn herrscht oft Trostlosigkeit im Garten: Die noch unbelaubten Bäume präsentieren sich als graue Gestalten, und die Rasenflächen liegen in trübem Graugrün da. Selbst wenn Ihr Garten zwischen Ende des Winters und Frühlingsbeginn mit bunten oder anderen Akzenten locken sollte, ist es doch meist zu kalt, um diese im Freien länger zu genießen. Was liegt näher, als sich jetzt Farben und Düfte ins Haus zu holen? Sie heben die Laune und erinnern daran, dass die milderen Tage nicht mehr weit sind.

Zwiebelpflanzen

Zwiebeln sind klein und meist handlich verpackt, außerdem stellen sie keine allzu hohen Pflegeansprüche. Als Gegenleistung für gute Erde und regelmäßiges Wässern bieten sie dekorative Blüten, die man im ganzen Raum erschnuppern kann. Wählen Sie die Farbe und die Duftintensität, die Ihnen am meisten zusagen, und bestimmen Sie die Blüte zwischen Wintermitte und spätem Frühjahr nach Ihren Vorstellungen. Zwergformen von Narzissen wie 'Tête-à-Tête' erreichen etwa 20 cm Höhe und besitzen einen zarten, lieblichen Duft. Höhere Sorten wie *Narcissus papyraceus* 'Paper White' werden 45 cm groß und verströmen einen kräftigen Duft. Sehr intensiv machen sich Hyazinthen (*Hyacinthus*) bemerkbar. Damit ihre Blütenstiele nicht umknicken, müssen sie eventuell gestützt werden.

Zwiebelgewächse brauchen 10–12 Wochen, um sich zu entwickeln. Damit sie im zeitigen Frühjahr blühen, müssen sie also etwa Mitte Dezember gesetzt werden. Nehmen Sie spezielle Blumenzwiebelerde, die Sie gründlich feucht halten – sie darf jedoch nicht durchnässt sein. Wenn sich die Blüten öffnen, verabreichen Sie alle zwei Wochen mit dem Gießwasser einen flüssigen Universaldünger. Um die kräftezehrende Bildung von Samen zu verhindern, werden welkende Blüten entfernt. Die Stiele lässt man hingegen zusammen mit dem Laub stehen – während sie nach und nach vergilben, tanken die Zwiebeln für die nächste Wachstumsperiode neue Energie. Bis das Laub ganz eingezogen ist, wird die Pflanze gegossen und gedüngt. Danach Zwiebeln trocknen lassen und bis zum nächsten Jahr einlagern oder im Garten auspflanzen.

Standortbedingungen

Innenraumbereiche bieten hinsichtlich Licht, Wärme und Luftfeuchtigkeit sehr unterschiedliche Gegebenheiten. Für alle Zwiebelgewächse und Zimmerpflanzen gibt es Standortbedingungen, die sie bevorzugen, und andere, mit denen sie sich arrangieren können. Zugluft und extreme Temperaturschwankungen nehmen sie jedoch generell übel.

Licht

Mit zunehmendem Abstand von einem Fenster nimmt die Helligkeit rapide ab. Pflanzen mit weiß oder gelb panaschiertem Laub haben den größten Lichtbedarf, Gewächse mit dunkelgrünen Blättern tolerieren hingegen den stärksten Schatten. Für jede Ecke lässt sich also die geeignete Pflanze finden.

Wenn es für längere Aufenthalte im Garten noch zu kalt ist, zaubern Schnittblumen Frühlingsstimmung ins Haus.

Das reiche Formenspektrum von Narcissus *umfasst aparte gefüllte ebenso wie schlichte trompetenförmige Blüten. Pflanzen Sie verschiedene Sorten, die den ganzen Frühling über nacheinander blühen.*

Wärme

Gardenia, *Hoya* (Wachsblume) und andere Wärme liebende Pflanzen sind in Küchen und Badezimmern hervorragend aufgehoben, während etwa *Jasminum* und *Stephanotis* (Kranzschlinge), die eine kühlere Umgebung lieben, in Schlafzimmern gut gedeihen. Falls die Pflanzen dort auf der Fensterbank stehen, sollten sie über Nacht in die Mitte des Zimmers umziehen, da die Temperatur zwischen Fenster und geschlossenen Vorhängen 10 Grad unter der Raumtemperatur liegen kann.

Luftfeuchtigkeit

Dem erhöhten Bedarf an Luftfeuchtigkeit von Zitrusgewächsen und *Gardenia* wird man gerecht, indem man die Pflanzen – eventuell auch zu mehreren gruppiert – in einen Untersatz mit befeuchtetem Kies stellt. Das verdunstende Wasser sorgt für ein ideales Mikroklima. Die Wurzeln dürfen jedoch nicht im Wasser stehen, da sie sonst faulen.

Wintergärten

Viele Zimmerpflanzen schätzen die Helligkeit eines Wintergartens. Als Beispiel sei *Jasminum polyanthum* genannt, eine stark duftende, weiß blühende Jasmin-Art. Sie verträgt auch kühlere Temperaturen, während andere Gewächse den Winter nur mit Heizung überstehen. Zu ihnen zählen *Citrus*-Arten wie Orange und Zitrone. Sie sind ideal für große Wintergärten, wo sich ihr aromatisches Laub als Sonnenschutz nützlich macht.

Zwiebeln vortreiben

Viele der winterharten Zwiebelpflanzen, die im Spätwinter oder im Frühling im Freien blühen, können so »programmiert« werden, dass sie sich schon Wochen vorher im Haus von ihrer schönsten Seite zeigen und die kalte Jahreszeit mit ihrem betörenden Duft versüßen. Um dies zu erreichen, müssen die Blumenzwiebeln vorgetrieben werden.

WAS SIE BRAUCHEN

Materialien: Blumenerde, Blumentöpfe, Blumenzwiebeln, Stroh oder Zeitungspapier bzw. Sand, Pflanzschalen, Kies oder Sphagnum, kalibetonter Dünger, Stützstäbe und Schnur (für langstielige Blüten)

Vorgetriebene Blumenzwiebeln, die es schon im Winter zu kaufen gibt, wurden durch eine Spezialbehandlung in ihrer Entwicklung beschleunigt: Nachdem sie in der Gärtnerei auf dem Feld ausgegraben wurden, haben sie eine gewisse Zeit in Schuppen bei einer Temperatur von 25–35 °C gelegen, wodurch die Ausbildung der Blütenknospe vorangetrieben wurde. Eine anschließende, etwa 6-wöchige Lagerung bei deutlich niedrigerer Temperatur (meist unter 10 °C) simulierte die winterliche Kälte. Als Folge der Prozedur setzt bei diesen Zwiebelpflanzen das Wachstum früher als normal ein. Kaum hat das neue Jahr begonnen, finden sie in Gartencentern und Blumengeschäften zahlreiche Käufer, die sich nach Frühlingsboten sehnen.

Hier wird gezeigt, wie man Hyazinthen selbst vortreibt. Wer jedoch verschiedenfarbige Sorten miteinander kombinieren möchte, steht vor dem Problem, dass diese niemals exakt zeitgleich blühen. Wachsen sie zusammen in einer Schale, ist der Schaueffekt dadurch erheblich gemindert. Um sich eine solche Enttäuschung zu ersparen, kultiviert man die einzelnen Sorten separat. So können Sie die Entwicklung der verschiedenen Gruppen verlangsamen oder beschleunigen, um sie einander anzupassen. Man pflanzt die für die Treiberei bestimmten Zwiebeln im Spätsommer oder Frühherbst.

Tipp: Zwiebelpflanzen werden während der Blüte regelmäßig gegossen. Man entfernt die welkenden Blüten (nicht jedoch die grünen Stiele!) und stellt die Schale an einen kühlen Platz. Gewässert und gedüngt wird so lange, bis die Gewächse im April ins Freie gepflanzt werden können.

Eine Schicht Erde in einen Topf streuen und eine Zwiebel einsetzen – sie darf den Rand nicht berühren. Den Topf mit Erde auffüllen und diese behutsam andrücken (zum Gießen sollte oben 1 cm Platz bleiben).

Sofort nach dem Pflanzen kommen die Zwiebeln für 8–10 Wochen in eine kühle Garage oder einen trockenen Schuppen. Um sie kühl zu halten, deckt man sie mit Stroh, Sand oder Zeitungsschnipseln ab und befeuchtet dieses Material.

Alternativ kann man die Töpfe in einen Kalten Kasten stellen. Darin müssen sie ebenfalls mit Stroh, Sand oder Zeitungsschnipseln abgedeckt werden. Die Abdeckung feucht halten.

Sobald die Blütenknospe etwa 5 cm hoch ist, die Töpfe ins Haus bringen und für etwa 1 Woche an einen schattigen, kühlen Platz (10 °C) stellen. Dabei färben sich die bisher gelben Sprosse grün.

Die Zwiebeln aus den Töpfen lösen und in Gruppen in Schalen pflanzen. Mit Kies oder Sphagnum bedeckt, hält die Erde besser die Feuchtigkeit. Einmal pro Woche einen kalibetonten Dünger geben.

Die Schalen an einen hellen Platz stellen (die ideale Temperatur liegt bei 15–17 °C) und täglich drehen, damit die Pflanzen gleichmäßig wachsen. Hohe Blütenstiele werden bei Bedarf mit Stäben gestützt.

BÄUME

Schlüssel zu den Kurzinformationen

H: Durchschnittliche Höhe der Pflanze.

S: Durchschnittliche Breite der Pflanze.

Sonne/Halbschatten/Schatten: Idealer Standort der Pflanze.

Gut durchlässig/mäßig feucht/ feucht: Grad der Bodenfeuchtigkeit, den die Pflanze benötigt.

Sauer/alkalisch/neutral/beliebig: Von der Pflanze bevorzugtes Bodenmilieu.

Z1 bis Z10: Härtezonen – niedrigster Temperaturbereich (Zone), den die Pflanze im Winter übersteht.

Zone 1:	unter –46 °C
Zone 2:	–46 bis –40 °C
Zone 3:	–40 bis –34 °C
Zone 4:	–34 bis –29 °C
Zone 5:	–29 bis –23 °C
Zone 6:	–23 bis –18 °C
Zone 7:	–18 bis –12 °C
Zone 8:	–12 bis –7 °C
Zone 9:	–7 bis –1 °C
Zone 10:	–1 bis 4 °C

Die Zonen geben nur Anhaltspunkte. Die Winterhärte hängt neben der Temperatur auch von Pflanztiefe, Wassergehalt bei Frosteinbruch, Windstärke, Dauer der Kaltwetterperiode sowie Länge und Temperaturen des vorangegangenen Sommers ab.

Acacia longifolia
H 15 m S 8 m
Sonne
Mäßig feucht
Sauer/neutral Z8

Die in Australien heimische immergrüne Sydney-Goldakazie entwickelt sich zu einem kleinen Baum oder stattlichen Strauch mit offenem Wuchs. Ihre mittelgrünen, riemen- oder lanzettförmigen, abgewandelten Blätter (Phyllodien) mit schlanker, gebogener Spitze erreichen eine Länge von bis zu 15 cm. Im Frühjahr entfalten sich duftende tiefgelbe Blüten in einzeln oder auch zu zweien oder dreien angeordneten zylindrischen Ähren von bis zu 7 cm Länge und 1 cm Durchmesser. Akazien verübeln einen strengen Rückschnitt und sterben in der Folge oft ab. Die Vermehrung erfolgt im Frühjahr aus Samen (die Töpfe in einen beheizten Anzuchtkasten stellen) oder im Sommer durch halbgereifte Kopfstecklinge.

***Laburnum* x *watereri* 'Vossii'**
H 10 m S 8 m
Sonne
Mäßig feucht
Beliebig Z6

Der Edel-Goldregen ist ein beliebter sommergrüner Strauch von leicht aufrechtem Wuchs. Wie seine Zweige sind auch die Blätter graugrün. Diese setzen sich jeweils aus 3 kleinen, ovalen, oberseits glänzenden und unterseits helleren Blättchen zusammen. Im Frühjahr schmückt er sich mit einer Vielzahl goldgelber, entfernt nach Freesien duftenden Schmetterlingsblüten in langen, hängenden Trauben. Sie werden im Herbst abgelöst von kleinen, graubraunen Hülsen mit giftigen schwarzen Samen. Die Pflanze kommt mit unterschiedlichen Böden zurecht, besitzt allerdings ein fragiles Wurzelsystem und muss dauerhaft gestützt werden. Vermehrung durch Okulation oder Pfropfen.

BÄUME

Magnolia kobus
H 12 m S 10 m
Sonne/Halbschatten
Mäßig feucht/feucht
Beliebig Z5

Japan ist die Heimat der früh blühenden sommergrünen Kobushi-Magnolie mit breit kegelförmiger Silhouette. Die aromatischen mittelgrünen Blätter sind eiförmig und im Austrieb mitunter am Rand gekräuselt. Im zeitigen Frühjahr erscheinen große, zunächst kelch- und später sternförmige Blüten, die einen intensiven Duft verströmen. Sie sind weiß und gelegentlich am Grund rosa überhaucht. Vermehren lässt sich diese Magnolie durch Absenker im Frühjahr, durch halbreife Stecklinge im Sommer oder durch Aussaat, sobald die Samen reif sind.

Magnolia x soulangeana
H 7 m S 6 m
Sonne/Halbschatten
Mäßig feucht
Sauer/neutral Z5

Ein architektonischer Wuchs kennzeichnet die aus einer Kreuzung hervorgegangene Tulpenmagnolie. Im Frühjahr ist der ausladende Baum mit großen, kelchförmigen Blüten übersät, die, wenn sie ganz geöffnet sind, an Seerosen erinnern. Ihr Duft ähnelt dem von Zitronen, und ihr Farbspektrum reicht von Weiß über zarte oder auch dunklere Rosétöne bis zu rötlichem Violett. Wenn sie welken, erscheinen die elliptischen, dunkelgrün glänzenden und in der Jugend manchmal leicht bronzefarben überlaufenen Blätter. Die Blüten der Sorte 'Alba Superba' duften besonders intensiv. Vermehrt wird diese Hybride durch Absenker im Frühjahr.

Prunus laurocerasus
H 8 m S 10 m
Sonne
Mäßig feucht
Beliebig Z7

Der dichte und buschige kleine Baum oder große Strauch bildet ein Gerüst mit waagrecht ausgebreiteten, überhängenden Zweigen. Seine elliptischen Blätter haben eine glänzend dunkelgrüne Oberseite und eine hellere Unterseite. Wie die deutschen Namen »Kirschlorbeer« oder »Lorbeerkirsche« andeuten, handelt es sich bei dem Gehölz um einen Verwandten der Kirsche. Im Frühjahr erscheinen eine Fülle stark duftender Blüten in schlanken Ähren, deren Rahmweiß sich effektvoll von dem immergrünen Laub abhebt. Aus ihnen gehen kirschartige rote und bei voller Reife schwarze Früchte hervor. Zur Vermehrung im Sommer oder Herbst Risslinge vom halb ausgereiften Holz nehmen.

STRÄUCHER

Corylopsis sinensis
H 4 m S 4 m
Halbschatten
Mäßig feucht
Sauer/neutral Z6

Schlanke Zweige und ein dichter, verzweigter Wuchs prägen das Erscheinungsbild dieses attraktiven sommergrünen Strauchs. Im Frühjahr schmückt sich die Chinesische Blumenhasel mit zitronengelben Blüten in hängenden Ähren, die einen intensiven Duft verströmen. Erst danach entfalten sich die breit eiförmigen Blätter mit grannig gezähntem Rand, die anfangs eine dunkelgrüne Ober- und bläulich grüne Unterseite zeigen. Spätfröste stellen für die zarten Blüten eine Gefahr dar. Zur Vermehrung nimmt man im Sommer Weichholzstecklinge oder man sät die Samen im Herbst in einem Kalten Kasten aus.

Cytisus x _kewensis_
H 60 cm S 1,5 m
Sonne
Mäßig feucht
Beliebig Z6

Seit dem ersten Züchtungserfolg im Jahre 1891 in den Kew Gardens in London erfreut sich der niedrig und ausladend wachsende sommergrüne Zwerg-Elfenbeinginster großer Beliebtheit. Im Frühjahr hüllt er sich in lieblich duftende rahmgelbe Schmetterlingsblüten, hinter denen die Zweige und Blätter beinahe verschwinden. Die kleinen linealischen Blätter sind von mittlerem Grün und mit sehr feinen Härchen bedeckt. Ein Standortwechsel wird von dem Strauch ebenso schlecht vertragen wie ein radikaler Rückschnitt. Vermehrt wird er im Sommer aus Risslingen vom halb ausgereiften Holz.

Cytisus multiflorus
H 3 m S 2,5 m
Sonne
Mäßig feucht
Beliebig Z6

Zunächst wächst dieser attraktive sommergrüne Strauch in die Höhe, bevor er sein lichtes, in die Breite gehendes Gerüst entwickelt. Im Frühjahr ist er umhüllt von einem Flor cremeweißer Schmetterlingsblüten, die mit ihrem lieblichen Duft betören. Die dünnen, nicht eben kräftigen, grünen Zweige sind spärlich mit linealisch-lanzettlichen Blättern von mittlerem Grün besetzt. Der Vielblütige Geißklee verübelt sowohl einen Standortwechsel als auch einen harten Schnitt. Vermehrt wird er im Sommer durch Risslinge vom halb ausgereiften Holz.

STRÄUCHER

Daphne mezereum

H 1,2 m S 1 m
Sonne/Halbschatten
Mäßig feucht
Neutral Z4

Europa und Zentralasien sind die Heimat dieses langsam wachsenden sommergrünen Strauches mit aufrechtem Habitus und etwa 13 cm langen Blättern von mattem Hell- bis Graugrün. Im Spätwinter und zeitigen Frühjahr – und damit lange vor dem Laubaustrieb – lenkt der Gewöhnliche Seidelbast oder Kellerhals mit einer spektakulären, intensiv duftenden Blütenpracht die Aufmerksamkeit auf sich. Die purpurrosa Blütenbüschel bestehen aus 2–5, etwa 6 mm langen Einzelblüten. Ihnen folgen kugelige, fleischige rote Früchte. Schnittmaßnahmen sollten sich auf das Entfernen von totem oder beschädigtem Holz beschränken, und ein Standortwechsel sollte möglichst vermieden werden. Für die Vermehrung nehmen Sie im Sommer halbreife Stecklinge.

Euphorbia mellifera

H 2 m S 2,5 m
Sonne
Gut durchlässig/mäßig feucht
Beliebig Z10

An kräftigen Trieben bildet der auf Madeira heimische, rundliche immergrüne Strauch bis zu 20 cm lange, schmal lanzettliche dunkelgrüne Blätter mit hervortretender Mittelrippe. Gegen Frühlingsende entwickeln sich an den Zweigspitzen große braune Hochblätter (abgewandelte Laubblätter, die oft irrtümlich für Blütenblätter gehalten werden). Sie verströmen dank der bei Wolfsmilch-Arten häufig vorhandenen Honigdrüsen einen kräftigen, süßen Duft. Im Spätsommer entwickeln sich erbsenähnliche Früchte. Zur Vermehrung sät man die reifen Samen in einen Kalten Kasten oder man nimmt zwischen Spätfrühjahr und Frühsommer halbreife Stecklinge.

Mahonia aquifolium

H 1,2 m S 1,2 m
Sonne/Halbschatten
Mäßig feucht
Beliebig Z5

Da er Ausläufer treibt, eignet sich der robuste immergrüne Strauch gut als Bodendecker oder zur Unterpflanzung in Waldgärten. Die glänzend dunkelgrünen Blätter der Gewöhnlichen Mahonie setzen sich aus bis zu 9 Fiederblättchen zusammen, die im Winter durch ihren hochroten Rand auffallen. Im Frühjahr zeigen sich endständige, lieblich duftende gelbe Blüten in dichten Trauben. Besonders attraktive Sorten sind *M. aquifolium* 'Atropurpurea' (leuchtend purpurrotes Winterlaub) und *M. aquifolium* 'Apollo' (niedrig, goldgelbe Blüten). Geschnitten wird nur, um die Pflanzen gesund und in Form zu erhalten. Vermehrung durch halbreife Stecklinge im Spätsommer oder durch Ausläufer im Herbst.

STRÄUCHER

Osmanthus x burkwoodii
H 3 m S 3 m
Sonne/Halbschatten
Mäßig feucht
Beliebig Z6

Die Burkwoods Duftblüte ist aus einer Kreuzung von *O. decorus* und *O. delavayi* hervorgegangen. Sie bildet einen dichten, rundlichen Strauch, der im Alter oft ausladend wird. Die ledrigen, glänzend dunkelgrünen Blätter sind breit eiförmig, etwa 5 cm lang und am Rand leicht gezähnt. Von Mitte bis Ende des Frühlings erscheinen an den Blattachseln Büschel kleiner, röhrenförmiger duftender Blüten, aus denen sich jedoch – wie bei Hybriden üblich – nur sehr selten Früchte entwickeln. Zur Vermehrung säen Sie die Samen, sobald sie reif sind, in einen Kalten Kasten; alternativ nehmen Sie im Sommer halbreife Stecklinge.

Osmanthus delavayi
H 2 m S 2 m
Sonne/Halbschatten
Mäßig feucht
Beliebig Z7

Mit ihren überhängenden Zweigen stellt die Delavays Duftblüte einen hübschen Blickfang in einer Rabatte oder unter einem lichten Laubdach dar – zumal die ledrigen, gezähnten dunkelgrünen Blätter das ganze Jahr über ihren Glanz bewahren. Im späten Frühjahr bildet der rundliche immergrüne Strauch entlang den Trieben Büschel kräftig duftender weißer Blüten, deren Röhren sich zu 4 Saumlappen aufspreizen. Aus ihnen entwickeln sich blauschwarze Früchte. Falls nötig, nach der Blüte abgestorbenes oder beschädigtes Holz entfernen oder kräftig stutzen, wenn die Pflanze beispielsweise vor einer Mauer gezogen wird. Vermehrung durch halbreife Stecklinge im Spätsommer oder durch Aussaat frisch ausgereifter Samen.

Rhododendron cubittii
H 1,5 m S 1 m
Halbschatten
Mäßig feucht
Sauer Z10

Viele Gärtner ordnen den Ausläufer treibenden immergrünen Strauch, der im nördlichen Myanmar (Birma) beheimatet ist, noch immer den Azaleen zu. Im Winter erscheinen purpurbraune Jungtriebe, im Frühjahr zahlreiche rundliche Büschel mit stark duftenden, trichterförmigen Blüten in Weiß bis Hellrosa und kräftig orangefarbener oder gelber Zeichnung.
Die mittel- bis dunkelgrünen, breit eiförmigen Blätter sind bis zu 10 cm lang und fühlen sich ledrig an. Die Vermehrung erfolgt im Frühsommer durch Weichholzstecklinge oder im späten Frühjahr durch Aussaat unter Glas.

STRÄUCHER

Rhododendron luteum
H 2,5 m S 3 m
Sonne
Mäßig feucht
Sauer/neutral Z5

Die sommergrüne Pontische Azalee gehört zu den wenigen duftenden Vertretern der Gattung und gedeiht problemloser als die meisten anderen, bevorzugt jedoch sauren Boden. Wenn sich im Spätfrühjahr die großen Knospen öffnen, dringt aus den langröhrigen rein gelben Blüten ein intensiver Duft. Das Mittelgrün der länglich lanzettförmigen und in der Jugend klebrig drüsenhaarigen Blätter schlägt im Herbst um in Rot-, Orange- und Purpurtöne. Die Pflanze baut sich schnell auf und wächst dann langsam und kontinuierlich zu einem großen, kuppelförmigen Strauch heran. Vermehrung durch halbreife Stecklinge oder Absenker im Spätsommer.

Syringa oblata
H 5 m S 5 m
Sonne
Mäßig feucht
Beliebig Z7

Der ursprünglich in China heimische Rundblättrige Flieder ist ein wuchskräftiger sommergrüner Strauch mit anfangs aufrechtem, im Lauf der Zeit jedoch offenen, ausladendem Habitus. Seine herzförmigen, zugespitzten Blätter zeigen in der Jugend eine Bronzetönung, die sich mit zunehmender Reife in ein glänzendes Mittelgrün und vor dem Fall im Herbst in Purpur verwandelt. Zwischen Frühjahrsmitte und -ende erscheinen stark duftende, blasslila Blüten in dicken Rispen. Ein Schnitt ist nicht erforderlich, aber welke Blüten sollten entfernt werden. Für die Vermehrung stehen folgende Alternativen zur Wahl: Weichholzstecklinge oder Absenker im Frühsommer, Okulation im Hochsommer oder Pfropfen im Winter.

Viburnum carlesii
H 2 m S 2 m
Sonne/Halbschatten
Mäßig feucht
Beliebig Z9

Seine Beliebtheit als Gartengehölz verdankt der langsam wachsende, dicht verzweigte sommergrüne Koreanische Schneeball den hübschen, lieblich duftenden Blüten. Sie erscheinen im Frühjahr vor dem Laub in endständigen runden Doldenrispen. Im Knospenstadium rosarot, zeigen sie sich geöffnet in weiß überlaufenem Rosa. Die ihnen folgenden roten Früchte nehmen mit zunehmender Reife ein bläuliches Schwarz an. Die etwas derben, gezähnten mittelgrünen Blätter färben sich oft rot, bevor sie im Herbst abfallen. Die Sorte 'Aurora' mit tiefrosa Knospen und zu Weiß verblassenden Blüten macht sich gut in einer Rabatte oder in einem Kübel. Nach der Blüte wird der Strauch leicht in Form geschnitten und schadhaftes Holz entfernt. Zur Vermehrung nehmen Sie im Sommer Weichholzstecklinge.

KLETTERPFLANZEN & STRÄUCHER VOR MAUERN

Akebia quinata
H 5 m S 5 m
Sonne/Halbschatten
Mäßig feucht
Beliebig Z5

Die Fingerblättrige Akebie windet sich mit den Sprossspitzen spiralförmig um ihre Stütze. Die halb immergrüne Art bringt fünffingerige, mittelgrüne und im Austrieb bronzefarben getönte Blätter hervor. Ihre rot- bis schokoladenbraunen Blüten öffnen sich im Frühjahr und verströmen dann einen Vanilleduft. In den Trauben sind Blüten beiderlei Geschlechts vereint – die männlichen sitzen an der Spitze, die größeren weiblichen an der Basis. Ist in der Nachbarschaft eine zweite Pflanze zur Bestäubung vorhanden, bilden sich in heißen Sommern große, walzenförmige Früchte in Purpurviolett. Falls nötig erhält die Pflanze nach der Blüte einen Erziehungsschnitt. Die Vermehrung erfolgt durch Absenker im Frühjahr, halbreife Stecklinge im Sommer oder Aussaat der reifen Samen.

Azara dentata
H 3 m S 3 m
Sonne
Gut durchlässig/mäßig feucht
Beliebig Z8

Für einen Platz vor einer intensiv besonnten, warmen Mauer oder für einen geschützten Garten ist der aus Chile stammende immergrüne Strauch die perfekte Wahl. An schlanken, überhängenden Zweigen trägt er eiförmige, glänzend dunkelgrüne Blätter mit fein gezähntem Rand und oft behaarter Unterseite. Gegen Mitte bis Ende des Frühjahrs erscheinen lieblich duftende tiefgelbe Blüten in dichten Büscheln von bis zu 5 cm Durchmesser. Gleich nach der Welke werden die abgeblühten Triebe bis auf 4–5 Augen gekürzt. Zur Vermehrung nimmt man zwischen Sommermitte und -ende von den neuen Seitentrieben halbreife Stecklinge.

***Ceanothus* 'Cascade'**
H 4 m S 4 m
Sonne
Gut durchlässig/mäßig feucht
Sauer/neutral Z8

Die kräftige, aber bedingt winterharte immergrüne Säckelblumen-Sorte zeigt eine offene, ausladende Wuchsform. Ihre glänzend dunkelgrünen Blätter sind länglich eiförmig und fein gezähnt. Ab Frühjahrsende erscheinen bis in den frühen Sommer an den Zweigspitzen große, bis 13 cm lange, kegelförmige Blütentrauben in zartem Blau, die einen schönen Duft verbreiten. Gleich nach der Blüte sollte man einen Erziehungsschnitt vornehmen, um überlangen Wuchs zu entfernen und zu verhindern, dass der Strauch in der Mitte verkahlt. Zum Schutz vor Frost wird er häufig an einer Mauer gezogen. Die Vermehrung geschieht durch halbreife Stecklinge, die man zwischen Sommermitte und -ende von den neuen Seitentrieben nimmt.

KLETTERPFLANZEN & STRÄUCHER VOR MAUERN

Clematis armandii
H 4 m S 3 m
Sonne
Mäßig feucht
Beliebig Z6

Besonders gut gedeiht die Armands Waldrebe, eine der wenigen immergrünen *Clematis*-Arten, vor einer Mauer oder einem Zaun, denn das attraktive Klettergehölz braucht einen beschatteten Wurzelbereich. Die glänzenden, ledrigen, dreizähligen Blätter sind bis zu 15 cm lang und im Austrieb bronzefarben überhaucht, danach nehmen sie ein sattes Dunkelgrün an. Im zeitigen Frühjahr erscheinen dichte Büschel duftender, tellerförmiger Blüten in Weiß mit rosa Anflug. Bei der Sorte 'Apple Blossom' zeigen die Blüten ein dunkleres Rosa, 'Snowdrift' blüht hingegen reinweiß. Nach der Welke werden die Triebe bis auf ein kräftiges Augenpaar zurückgeschnitten, um neuen Wuchs anzuregen, der im folgenden Jahr Blüten trägt. Vermehrung durch halbreife Stecklinge im Spätsommer.

Lonicera syringantha
H 2 m S 2,5 m
Sonne/Schatten
Mäßig feucht
Beliebig Z4

Den besonderen Reiz der strauchig wachsenden Fliederblütigen Heckenkirsche bilden ihre duftenden fliederrosa Blüten. Sie sind röhrenförmig mit weit spreizendem Saum und zeigen innen oft einen helleren Ton. Im Frühjahr erscheinen sie paarweise und meist in kleinen Büscheln in den Blattachseln. Auch die im Herbst abfallenden, grau- bis tiefgrünen Blätter sitzen paarweise an den dünnen Zweigen, die allmählich ein offenes, ausladende Gerüst formen. Die Vermehrung dieser Geißblatt-Art erfolgt im Winter durch Steckhölzer von nicht blühenden Trieben oder aber durch Weichholzstecklinge im Hochsommer.

Wisteria sinensis
H 10 m S 10 m
Sonne/Halbschatten
Mäßig feucht
Beliebig Z5

Diese elegante Kletterpflanze bildet im Spätfrühling einen faszinierenden Blickfang: Noch bevor die gefiederten dunkel- bis mittelgrünen Blätter erscheinen, schmücken lange Trauben duftender Schmetterlingsblüten in Weiß, Pink, Blau oder Mauve ihre kräftigen Sprosse, die sich gegen den Uhrzeigersinn um ein Spalier oder eine andere Kletterhilfe winden. Am besten gedeiht der Chinesische Blauregen, der auch Chinesische Glyzine genannt wird, an nach Süden oder Westen weisenden Standorten. Einen besonders intensiven Duft verbreiten die weiß blühende Sorte 'Alba' sowie 'Sierra Madre' mit weißlich purpurnen Blüten. Die Vermehrung erfolgt durch Absenker, Pfropfen oder Weichholzstecklinge im Sommer.

STAUDEN & ZWEIJÄHRIGE

Asphodeline lutea
H 1,5 m S 30 cm
Sonne
Gut durchlässig/mäßig feucht
Neutral Z7

Die horstbildende Staude trägt entlang der Blütenschäfte schmal linealische, stark gekielte Blätter in bläulichem Grün. Im späten Frühjahr entwickeln sich etwa 20 cm lange Ähren. Sie sind dicht besetzt mit sternförmigen, strahlend gelben Blüten, die sich bis zum Frühsommer von unten nach oben entfalten und schön duften. Vermehrt wird die Junkerlilie aus Samen, die man bei Erreichen der Reife in Töpfe sät und in einem Kalten Kasten zur Keimung bringt, aber auch durch Teilung im Spätsommer oder Frühherbst.

Erysimum cheiri
H 60 cm S 60 cm
Sonne
Mäßig feucht
Alkalisch/neutral Z7

Mit seinen graugrünen, verholzenden Trieben wächst der mehrjährige immergrüne Goldlack, der auch noch unter dem botanischen Namen *Cheiranthus cheiri* bekannt ist, zu einer niedrigen Kuppelform heran. Die gegenständigen, schmal lanzettförmigen Blätter sind dunkelgrün und unterseits etwas heller. Über dem Laub erscheinen im zeitigen Frühjahr in dichten Trauben flache Blüten mit 4 Kronblättern. Die Sorte 'Harpur Crewe' trägt wohlriechende, gefüllte Blüten in Senfgelb und muss erst nach etwa 5 Jahren ersetzt werden. 'Bowles Mauve' zeigt zu silbergrauem Laub malvenfarbene Blüten. Zur Vermehrung nimmt man im Spätfrühling nach der Blüte Weichholzstecklinge.

Myosotis sylvatica
H 30 cm S 15 cm
Sonne/Halbschatten
Mäßig feucht
Beliebig Z5

Nach der Aussaat im Sommer bezaubert das zweijährige Wald-Vergissmeinnicht im folgenden Frühjahr mit seinen winzigen, duftenden Blüten in Blau, gelegentlich auch in Rosa oder Weiß, und gelbem oder weißem Auge. Sie sind in hohen, schneckenförmigen Wickeln angeordnet, die sich allmählich entrollen, während sich die Blüten im Verlauf mehrerer Wochen von unten nach oben öffnen. Wegen ihrer Neigung zur Selbstaussaat und starken Ausbreitung empfiehlt sich die Art vor allem für gemischte Rabatten oder Gehölzpartien. Bei Kultur in einem Pflanzkübel sollte man die Samenstände entfernen, bevor die Samen freigesetzt werden. Kleinere, kompakte Formen wie 'Blue Ball' und 'Snowball' (weiß) eignen sich zur Bepflanzung von Frühjahrsbeeten.

STAUDEN & ZWEIJÄHRIGE

Primula
H 20 cm S 20 cm
Sonne/Halbschatten
Mäßig feucht
Beliebig Z6

In dieser großen Gattung sind Aurikeln, Primeln und Vertreter der *Polyantha*-Gruppe zusammengefasst. Sie alle bilden grundständige Rosetten aus derben Blättern, unterscheiden sich jedoch darin, wie sie ihre wohlriechenden röhren-, glocken- oder tellerförmigen Blüten präsentieren. Bei P. auricula (Aurikel) sind sie tiefgelb, rot oder violett mit gelbem Auge und sitzen in einer Dolde auf kräftigem Schaft, der das Laub überragt. *P. vulgaris* (Kissenprimel) bringt einzelne hellgelbe Blüten auf kurzen, schlanken Stielen zwischen den Blättern hervor. *P. Polyantha*-Hybriden bilden dagegen Blüten wie Kissenprimeln, die jedoch ähnlich den Aurikeln über dem Laub stehen. Es gibt sie in den Farben Rotbraun, Rot, Orange, Gelb, Pink, Weiß oder Blau. Vermehrung durch Aussaat im Frühjahr oder Teilung im Herbst.

Smilacina stellata
H 50 cm S 45 cm
Halbschatten
Mäßig feucht/feucht
Beliebig Z3

In Nordamerika und Mexiko liegt die Heimat dieser horstbildenden krautigen Staude mit horizontal wachsendem Rhizom. Die langen, schmalen, lanzettförmigen Blätter sind von mittlerem Grün und unterseits leicht behaart. Zwischen Spätfrühling und Sommer erscheinen an schlanken grünen Stielen nickende Rispen mit lieblich duftenden, sternförmigen weißen Blüten – auf sie bezieht sich der Name »Sternförmiges Duftsiegel«. Die Pflanze ist zwar winterhart, sollte aber gegen kalte Winde geschützt werden. Die Vermehrung erfolgt durch Aussaat im Frühjahr oder im Herbst oder durch Teilung gleich nach der Blüte.

Viola cornuta
H 15 cm S 40 cm
Sonne/Halbschatten
Mäßig feucht
Beliebig Z7

Anfangs niederliegend, richten sich die Stängel der breitwüchsigen immergrünen Staude später auf. Zu glänzenden, eiförmigen Blättern mit gekerbtem Rand zeigen sich im Frühjahr und Frühsommer zart duftende Blüten von etwa 3,5 cm Durchmesser. Die unteren ihrer 5 deutlich voneinander getrennten, blasslila bis blauvioletten Kronblätter weisen eine weiße Zeichnung auf, das unterste trägt einen schmalen, leicht gebogenen Sporn. Inzwischen gibt es auch Züchtungen mit roten, rosa, gelben und weißen Blüten. Am besten macht sich das Hornveilchen als Unterpflanzung in einer Rabatte oder in einem dauerhaft bepflanzten Kübel. Vermehrung durch Aussaat im Frühjahr nach der Samenreife oder durch Teilung eingewachsener Horste nach der Blüte im Frühjahr oder im Herbst.

ZWIEBEL-, KNOLLEN- & RHIZOMPFLANZEN

Convallaria majalis
H 23 cm S 30 cm
Halbschatten/Schatten
Mäßig feucht/feucht
Beliebig Z3

Ob am Fuß von anderen Pflanzen oder auch in einem Topf gezogen, das Gewöhnliche Maiglöckchen fühlt sich an halbschattigen bis schattigen Standorten ausgesprochen wohl. In einer Gehölzpartie gibt die niedrige Rhizomstaude einen attraktiven Bodendecker ab, und eingetopfte Exemplare kann man zur Blüte vorübergehend aus dem Garten in kühle Räume oder einen Wintergarten holen, um dort ihren herrlichen Duft so richtig zu genießen. Zu den breit eiförmigen Grundblättern erscheinen im Frühling hübsche, nickende, glockenförmige weiße Blüten. Die Sorte 'Albostriata' besitzt weiß gestreiftes Laub, 'Flore Pleno' gefüllte und *C. majalis* var. *rosea* blassrosa Blüten. Zur Vermehrung teilt man im Herbst die Rhizome, wobei sie nicht austrocknen dürfen.

Freesia
H 45 cm S 5 cm
Sonne
Mäßig feucht
Beliebig Z9

Freesien sind vor allem als Schnittblumen bekannt, doch lassen sie sich aus trockenen Knollen auch mühelos selbst ziehen und bilden einen haltbaren Beetschmuck. Das breite Farbspektrum der dekorativen, langen und trichterförmigen Blüten, die an gebogenen Stielen sitzen und einen intensiven Duft verströmen, reicht von Rot-, Orange- und Pinktönen über Weiß bis zu Blau, Mauve und Gelb. Gefüllte Formen duften meist schwächer. Die schmal schwertförmigen, leuchtend grünen Blätter stehen in grundständigen Fächern. Vermehrt werden Freesien im Herbst im Gewächshaus oder auf einer Fensterbank aus Samen oder Nebenknollen.

Hyacinthus orientalis
H 20–30 cm S 8 cm
Sonne/Halbschatten
Mäßig feucht
Beliebig Z6

Hyazinthen sind mehrjährige Zwiebelgewächse mit glockenförmigen, wächsern anmutenden, ungefüllten oder gefüllten Blüten, die stets intensiv duften und prächtig gefärbt sind. Bis zu 40 Einzelblüten sind in einer Traube vereint, deren kräftiger, aufrechter Stiel von leuchtend grünen, riemenförmigen Blättern umstanden ist. Stellvertretend für die bunte Sortenvielfalt seien hier genannt: 'Blue Jacket' (ungefüllt, marineblau), 'City of Haarlem' (ungefüllt, primelgelb), 'Delft Blue' (ungefüllt, zartblau), 'Gipsy Queen' (ungefüllt, lachsorange), 'Hollyhock' (gefüllt, purpurrot) und 'L'Innocence' (ungefüllt, weiß). Zur Vermehrung nimmt man von den Zwiebeln während der sommerlichen Vegetationsruhe Brutzwiebeln ab, die man im Herbst so einpflanzt, dass ihre Spitze 2–3 cm hoch von Erde bedeckt ist.

ZWIEBEL-, KNOLLEN- & RHIZOMPFLANZEN

Iris unguicularis
H 45 cm S 5 cm
Sonne/Halbschatten
Mäßig feucht
Alkalisch/neutral Z5

Die widerstandsfähige immergrüne Winter-Iris besitzt dunkelgrüne und bis zu 60 cm lange, schwertförmige Blätter. Zwischen Spätherbst und zeitigem Frühjahr erscheinen auf kurzen Stielen nach Primeln duftende Blüten, zusammengesetzt aus seidigen, lila Perigonblättern mit gelbem Schlund. Zwei empfehlenswerte Sorten sind 'Mary Barnard' mit tief violettblauen, dunkel geaderten Blüten und die in silbrigem Lavendelblau reich blühende 'Walter Butt'. Gleich nach der Blüte kann man zur Vermehrung gut eingewöhnte Pflanzen teilen.

Narcissus
H 10–60 cm S 5–15 cm
Sonne/Halbschatten
Mäßig feucht
Beliebig Z6

Es gibt Hunderte Sorten der winterharten Frühlingsblüher – von Gelb und Orange über Weiß und Creme bis Rosa reicht die Farbpalette. Variationen ergeben sich auch aus den Blüten: Sie bestehen aus einer trichter- bis schalenförmigen Nebenkrone und den sie umgebenden Kranz aus Hauptkronblättern. Sie sind ungefüllt oder gefüllt und erscheinen jeweils einzeln oder zu mehreren. Zwergformen erreichen nur 10 cm, andere bis zu 60 cm Höhe. Damit die Narzissen ihre Kraft nicht verschwenden, sollten welke Blüten entfernt werden, bevor sie Samen bilden. Die schmal riemenförmigen Blätter schneidet man erst ab, wenn sie im Hochsommer vergilbt sind. Alle 3–5 Jahre werden etwa 6 Wochen nach der Blüte die alten Bestände aufgenommen und geteilt. Man pflanzt die Zwiebeln während der Ruhezeit im Herbst anderthalb Zwiebellängen tief.

Tulipa
H 20–50 cm S 10 cm
Sonne
Mäßig feucht
Beliebig Z5

Diese mehrjährigen Zwiebelgewächse werden nach bestimmten botanischen Merkmalen und ihrer Blütezeit klassifiziert. Tulpenblüten können ungefüllt oder gefüllt, kelch- oder sternförmig, gefranst oder lang gestreckt und schlank sein. Gelb-, Rosa-, Rot- und Orangetöne sieht man ebenso wie Weiß oder auch fast schwarzes Purpur. Kaufmanniana-Hybriden, etwa 'Giuseppe Verdi' (gelb mit roten Streifen), sowie die Greigi-Hybride 'Rotkäppchen' (rot) wachsen eher niedrig. Büschel aus jeweils bis zu 5 orangeroten Blüten sind charakteristisch für *T. praestans*. Welke Blüten entfernt man, anschließend lässt man das Laub in Ruhe einziehen. Neue Zwiebeln werden im Herbst 10–15 cm tief gesetzt. Durch Teilen der nach der Blüte aufgenommenen Zwiebeln können Sie ihre Bestände vermehren.

ZIMMERPFLANZEN

Citrus limon
H 2 m S 1,5 m
Sonne
Mäßig feucht

Zitrusgewächse und speziell Zitronenbäume machen sich gut im Haus oder Wintergarten, wo sie bei ausreichender Wärme ganzjährig immer wieder Blüten und Früchte ansetzen. An bedornten Trieben sitzen glänzend dunkelgrüne, eiförmige Blätter. Die duftenden weißen Blüten mit purpurnem Anflug weisen 5 stumpfe Blütenblätter und große Staubblätter auf. Ein besonders reizvoller Effekt ergibt sich dadurch, dass sich gleichzeitig verschieden gefärbte Früchte am Baum befinden – anfangs grün, werden sie erst im Lauf der Zeit gelb. Ob sie genießbar sind, hängt von der Sorte ab. 'Variegata' zeigt zu cremefarben panaschiertem Laub grün gestreifte, mit zunehmender Reife sattgelbe Früchte. Zur Vermehrung nimmt man im Frühjahr oder Sommer von den Triebspitzen halb ausgereifte Risslinge.

Gardenia augusta
H 45 cm S 45 cm
Halbschatten
Mäßig feucht

Seine wachsartigen weißen Blüten, die einen Durchmesser von bis zu 7 cm erreichen und einen kräftigen Duft verströmen, bilden die eigent liche Attraktion des buschigen immergrünen Strauches. Meist sind sie gefüllt, doch sieht man auch halb gefüllte Blüten mit 2 Reihen von Kelchblättern. Die lanzettförmigen, glänzend dunkelgrünen Blätter sind 5–10 cm lang und fühlen sich ledrig an. Da die Kap-Gardenie insbesondere zur Zeit des Blütenansatzes eine feucht-warme Umgebung schätzt, sollte man den Topf möglichst in ein Bett aus befeuchteten Kieseln stellen und die Pflanze häufig besprühen. Schnittmaßnahmen führt man gleich nach der Blüte durch. Dabei die Zweige bis auf ein nach außen weisendes Auge einkürzen und alle verwelkten Blüten entfernen. Vermehrung aus Kopfstecklingen im Frühjahr.

Genista falcata
H 1 m S 1,5 m
Sonne
Gut durchlässig/mäßig feucht

Wild wachsend findet sich der kleine sommergrüne Strauch, der an Stechginster erinnert, in Spanien und Portugal. In der Jugend von aufrechtem Wuchs, entwickelt er später einen rundlichen, eher ausladenden Habitus. Die dünnen, gebogenen grünen Zweige sind nahezu unbelaubt, viele ihrer Seitensprosse enden in spitzen Dornen. Nur aus den jungen Trieben sprießen spärlich derbe, lanzettförmige, seidig behaarte Blätter von mittlerem Grün. Zwischen dem mittleren und späten Frühjahr entfalten sich an den Triebspitzen in großer Zahl tief goldgelbe Schmetterlingsblüten, die einen schweren Duft verströmen. Die Vermehrung erfolgt durch Aussaat im Frühjahr.

ZIMMERPFLANZEN

Hoya carnosa
H 5 m S 2 m
Sonne
Mäßig feucht

Diese Wachsblumen-Art hat zunächst einen aufrechten Wuchs mit paarweise angeordneten, dicken, fleischigen Blättern in mattem Grün. Doch mit zunehmender Länge hängen die Triebe über, sodass sich die Pflanze besonders gut für eine Ampel eignet. So kann man auch den köstlichen Duft der kleinen, sternförmigen wachsweißen Blüten mit purpurroter Mitte am besten genießen. Sie erscheinen an den Triebspitzen, wo bis zu 10 Einzelblüten in einer Dolde vereint sind. Die Pflanze schätzt helles, indirektes Licht, mag aber keine Störungen, wie sie etwa durch Umtopfen entstehen. Zur Vermehrung nimmt man im Frühjahr oder Sommer Kopfstecklinge.

Murraya paniculata
H 5 m S 3 m
Sonne
Mäßig feucht

Die in Südostasien heimische immergrüne Orangenraute, die zu einem stattlichen Strauch oder Baum heranwächst, bildet in einem Wintergarten einen hübschen Anblick. Die dunkelgrünen, glatten und glänzenden Blätter setzen sich aus mindestens 3 bis zu 5 cm langen Blättchen zusammen. Ganzjährig erscheinen in endständigen, dichten Büscheln kleine, duftende weiße Blüten, aus denen dekorative orangerote, jedoch ungenießbare Früchte hervorgehen. Vermehrt wird die Pflanze durch Aussaat im Frühjahr oder halbreife Kopfstecklinge im Sommer.

Stephanotis floribunda
H 3 m S 3 m
Sonne
Mäßig feucht

Beliebt ist die Madagaskar-Kranzschlinge vor allem wegen ihrer intensiv duftenden weißen Blüten. Sie sind 3 cm lang, röhrenförmig und enden in 5 abgespreizten Kronzipfeln. Jeweils 10 oder mehr dieser wachsartigen Einzelblüten sind zu doldigen Blütenständen vereint. Kaum weniger attraktiv sind die ledrigen, glänzend dunkelgrünen Blätter. Die verhol zende Kletterpflanze ist auf eine Stütze angewiesen. An einer Wand in einem Wintergarten verfehlt sie ihre Wirkung ebenso wenig wie in einem Raum, wo sie an einem kleinen Spalier oder an einem Bogen über einem Durchgang gezogen werden kann. Um einen buschigen Wuchs zu fördern, muss sie entspitzt werden. Im ausgehenden Frühjahr kann man zur Vermehrung Kopfstecklinge nehmen.

Kapitel vier

4

DER DUFTGARTEN IM SOMMER

DER DUFTGARTEN IM SOMMER

DER DUFTGARTEN IM SOMMER ...

Pflanzen für den Sommer

Die langen Tage und lauen Abende sind wie geschaffen, um entspannt ein Essen im Freien zu genießen und sich dabei an all dem, was man um sich herum sieht, hört und vor allem schnuppert, zu freuen. Gut eingewachsene Pflanzen legen sich bereits mächtig ins Zeug, und die Sämlinge von Einjährigen, die inzwischen ihren endgültigen Platz eingenommen haben, müssen nur noch ein bisschen wachsen, um dann ganz groß herauszukommen. Von den Bäumen bis zu den Bodendeckern zeigen sich viele Gewächse in den warmen Sommermonaten von ihrer schönsten Seite. Dabei ist ihr Duftspektrum so vielfältig wie die Palette ihrer Blütenfarben – von kräftig bis sanft ist alles vertreten.

Rosen

Seit langem zählen Rosen zu den beliebtesten Gartenpflanzen – ein Grund dafür ist ihr Duft. Aus so unterschiedlichen Ländern wie China, Indien und Frankreich stammen die Wildrosen, die dank züchterischer Bemühungen bis heute eine Fülle von Formen und Sorten hervorgebracht haben. Während die meisten alten Rosen-Arten, denen man nach wie vor in Kultur begegnet, ihren Duft bewahren konnten, ging er vielen Hybriden zugunsten eines prächtigen Blütenflors teilweise verloren. Das Angebot reicht heute von anmutigen Miniatur- bis zu stattlichen Strauchrosen, und so findet sich für jeden Garten und jedes Pflanzgefäß die passende Größe.

- **Miniaturrosen**

Mit ihrem »Mini-Format« sind sie ideal für Pflanzgefäße, aber meist duften sie kaum. Die ungefüllten oder auch dicht gefüllten Blüten umfassen ein breites Farbspektrum.

- **Stammrosen**

Diese Rosenform ist noch vergleichsweise jung. Es handelt sich dabei um auf geraden, bis zu 1 m hohen Stämmen veredelte Miniaturrosen. Sie sind ideal für die Kübelkultur, etwa auf Terrassen oder Balkonen.

- **Teehybriden (Großblumige Buschrosen)**

Sie wachsen buschig und bilden auffallend große, meist gefüllte oder halb gefüllte Blüten in verschiedenen Rosaschattierungen, Blutrot, Orange, Gelb oder Weiß. Regelmäßig geschnitten und konsequent von welken Blüten befreit, blühen Sie den ganzen Sommer über.

- **Floribundarosen**

Zwar ähneln ihre Blüten denen der Teehybriden, doch fallen sie meist kleiner aus und erscheinen üppiger. Entfernt man regelmäßig welke Blüten, erscheinen den ganzen Sommer hindurch neue. Die Farbauswahl ist groß.

- **Strauchrosen**

Zu dieser umfangreichen Kategorie gehören sowohl die 1 m hohen, dicht mit Stacheln besetzten Vertreter der *Rosa-rugosa*-Gruppe mit ihren stark duftenden, einfachen, halb gefüllten oder gefüllten Blüten als auch 3 m hohe Sträucher, etwa die einfach blühende *R. glauca*. Sehr duftintensiv ist *R. mundi* (*R. gallica* 'Versicolor') mit spektakulären hellrosa und karminrot gestreiften Blumen. Bei diesen Rosen folgen auf den ersten reichen Flor in Abständen bis in den Spätsommer Nachblüten.

Bei der modernen Strauchrose 'Brother Cadfael' gelang es, Duftintensität und eine verbesserte Krankheitsresistenz zu vereinen.

- **Kletterrosen und Rambler**

Während Kletterrosen wiederholt den ganzen Sommer über blühen, wobei die Blüten oft von Mal zu Mal größer und duftintensiver ausfallen, bilden Rambler einmal im Frühsommer büschelweise kleine Blüten. Beide haben lange, biegsame Triebe, die eine Stütze benötigen.

Stauden und Zwiebelpflanzen

Auch bei vielen Stauden fällt die Hochblüte in den Sommer. Unter den Nelken (*Dianthus*) finden sich einige, die einen sehr kräftigen, an Gewürznelken erinnernden Geruch verbreiten, wie etwa 'Mrs. Sinkins', 'Doris' und 'Gran's Favourite'. *Hemerocallis citrina* (Zitronen-Taglilie) bildet, ebenso wie *H.* 'Hyperion', zu langen, riemenförmigen grünen Blättern süßlich duftende Blüten in Gelb. Verschiedene Vertreter der Gattung *Hosta* (Funkien) blühen gleichfalls im Sommer, darunter *H.* 'Honeybells' und 'Royal Standard', die beide durch einen zarten, lieblichen Duft auffallen. *Paeonia* 'Sarah Bernhardt' mit hinreißenden, großen gefüllten Blüten in sattem Rosa gehört zu den wenigen Pfingstrosen, die auch für die Nase etwas zu bieten haben.

Zu den Zwiebelpflanzen, die jetzt die Luft mit ihrem Duft erfüllen, zählen die Sommerhyazinthe (*Galtonia candicans*) sowie Lilien (*Lilium*), die sich in allen Größen und Farben präsentieren. Sie lassen sich auch gut in Töpfen ziehen und, wenn sie in voller Blüte stehen, wirkungsvoll in Szene setzen – etwa gleich neben dem Hauseingang oder einer Sitzecke. Außerdem machen sie sich in Rabatten oder auf Terrassen nützlich, um vorübergehend Lücken zu füllen oder Farbakzente zu setzen. Nach der Blüte lässt man sie in einer abgeschiedenen Ecke in Ruhe einziehen.

Das Wetter und seine Auswirkungen

So schön es ist, im Freien Wärme und Sonne zu tanken – die Hitze sprengt manchmal den erträglichen Rahmen, und zwar für Menschen ebenso wie für Pflanzen, die ihr nicht entkommen können. Duftende Bäume, die in unterschiedlichen Größen zur Wahl stehen, oder auch an Stützelementen gezogene Kletterpflanzen verschaffen Sitzecken oder Gartenbereichen, die der prallen Mittagssonne ausgesetzt sind, wohltuende Kühle. Bevorzugen Sie jedoch kleinlaubige Gewächse, die keinen vollen, sondern nur lichten Schatten erzeugen, in dem als Unterpflanzung noch andere Pflanzen gedeihen können.

Gartenarbeiten im Sommer

Nach einem hektischen Arbeitstag in Räumen, in denen man von der Welt draußen nicht viel mitbekommen hat, bietet ein Sommerabend im eigenen Garten eine gute Möglichkeit, sich wieder zu »erden«. Nach dem fast explosiven Frühlingserwachen brauchen die Pflanzen, die jetzt zu stetigem Wachstum übergegangen sind, vor allem Wasser. Teils müssen sie auch aufgebunden oder geschnitten werden, damit sie möglichst schön wachsen und blühen. Zudem ist jetzt die beste Zeit, um aromatische Blätter und Blüten zum Trocknen zu ernten. Und vielleicht beflügelt das laue Wetter Sie sogar, ein größeres Projekt – zum Beispiel einen umrankten Bogengang oder einen duftenden Sitzplatz – in Angriff zu nehmen.

Wässern

Pflanzen nehmen die für sie lebensnotwendigen Nährstoffe in Wasser gelöst über ihre Wurzeln auf. Außerdem hält das nasse Element die Zellstrukturen intakt. Unzureichend mit Wasser versorgt, verlieren die Zellen ihre stützende Kraft, was wir als Welke wahrnehmen. Gerät eine Pflanze wiederholt in diesen Zustand, so entwickelt sie Wuchsstörungen, bildet wenige Blüten und wird anfällig für Schädlinge und Krankheiten. Besonders betroffen sind Kübelpflanzen, da ihre Wurzeln nicht in der weiteren Umgebung nach zusätzlicher Feuchtigkeit suchen können.

Insbesondere in Trockenperioden sind Gartenpflanzen auf eine regelmäßige Wasserversorgung angewiesen, wobei man Feuchtigkeitsverluste durch Mulchen oder mithilfe von Bodendeckern vermindern kann. Falls Sie das abendliche Blumengießen nicht, wie so viele andere, als entspannende Tätigkeit empfinden, installieren Sie ein Bewässerungssystem, das über einen Timer am späten Abend oder frühmorgens in Gang gesetzt wird. So kann sich das Wasser gut im Boden verteilen, bevor er sich tagsüber wieder erwärmt. Bei Kübelpflanzen sollten Sie das Wasser gezielt über schmale Schläuche zuführen.

Erziehung

Im Frühjahr frisch gesetzte Pflanzen werden im Verlauf des Wachstums regelmäßig an ihre Stützen gebunden. Vor allem bei Kletterern ist diese Maßnahme unerlässlich, damit sie schön in Form bleiben.

Schnitt und Entfernen welker Blüten

Für den Schnitt der Frühjahrsblüher unter den Sträuchern ist der Frühsommer der optimale Zeitpunkt. Indem Sie frisch abgeblühte Zweige gleich entfernen, geben Sie der Pflanze ausreichend Zeit zur Bildung von Neutrieben. Bei Einjährigen werden welke Blüten konsequent entfernt, um einen zweiten Flor anzuregen.

Abschatten

Nach Süden ausgerichtete Gewächshäuser können sich im Sommer zu wahren Brutkästen entwickeln. Für kühlenden Schatten sorgen außen angebrachte, aufrollbare Insektennetze, aber auch Innenjalousien oder weiße Schattierfarbe, die man auf die Glasscheiben aufträgt. Genauso können sich auf Fensterbänken, die nach Süden weisen, hohe Temperaturen entwickeln, was bei der Pflanzenauswahl unbedingt zu berücksichtigen ist.

*Im Sommer und erneut im Winter geschnitten, zeigt der Japanische Blauregen (*Wisteria floribunda*) im Folgejahr einen schönen Flor.*

*Manche niedrigen Thymian-Arten (*Thymus*) können in Pflasterfugen gepflanzt werden – tritt man auf sie, verbreiten sie einen intensiven Duft.*

Ernte

Wenn Ihre Pflanzen im Hochsommer den optimalen Zustand erreicht haben, werden Sie für alle Mühen reich belohnt. Bei Kräutern und Pflanzen, deren aromatisches Laub Sie trocknen möchten, beginnt jetzt, vor dem Einsetzen der Blüte, die Erntezeit. Von Minze und Oregano beispielsweise bündelt man jeweils etwa 10 Stiele mit einem Gummiband und lässt sie kopfüber an einem warmen, luftigen Ort trocknen. Schnittlauchstängel und Borretschblüten hingegen ergeben, fein gehackt und in Eiswürfeln eingefroren, eine aromatische Zutat zum Kochen oder für Drinks (s. a. »Ernten & trocknen«, S. 28 ff.).

Gartenarchitektur mit sinnlichem Nebeneffekt

Duft lässt sich in Gärten auf ganz unterschiedliche Weise integrieren, zum Beispiel durch bauliche Elemente wie Pergolen oder Bogengänge. Sie sind ideale Stützen für wohlriechende Pflanzen, die so die Chance erhalten, ihren Duft bis in »Nasenhöhe« zu verbreiten. Zusätzlich können Sie die Steine und Platten neuer Pflasterflächen und Wege mit breiteren Fugen als gewöhnlich verlegen, um darin niedrig wachsende Pflanzen mit duftenden Blättern oder Blüten anzusiedeln. Bestimmte Thymian-Arten etwa verkraften es durchaus, wenn man gelegentlich auf sie tritt – und setzen dabei jedes Mal eine geballte Ladung ätherischer Öle frei.

Vermehrung & Pflanzung

Im Sommer stellt die Vermehrung der Pflanzen einen zentralen Programmpunkt dar – egal ob aus Samen, mit Weichholz- oder halbreifen Stecklingen, durch Absenker oder Teilung. Nachdem die Frostgefahr endgültig vorüber ist, sind Beetpflanzen und Stecklinge, die Sie unter Glas herangezogen haben, inzwischen ins Freie umgesiedelt. Dadurch wurde im Gewächshaus Platz für empfindliche Tomaten, Paprika und dergleichen frei. Auch halb winterharte Einjährige und im Herbst blühende Zwiebeln können nun bedenkenlos ausgepflanzt werden. Und schließlich genießen es jetzt viele kälteempfindliche Gewächse, wenn sie den Sommer über unter freiem Himmel Sonne tanken dürfen und auch sanfte Regenduschen abbekommen.

Sämlinge

Säen Sie Zweijährige wie Bartnelken (*Dianthus barbatus*), Fingerhut (*Digitalis*) und Schöterich (*Erysimum*), die Sie im Herbst auspflanzen wollen. Bei großen Mengen sät man am besten im Freien in Rillen und dünnt die Sämlinge dann auf Abstände von 10–15 cm aus. Braucht man dagegen nur einige Jungpflanzen, zieht man sie in Anzuchtkästen heran und vereinzelt sie dann in Töpfe, in denen sie bis zur ihrer »Aussiedelung« bleiben.

Stecklinge

Sie werden vor der Blüte genommen. Hat der Hormonhaushalt der Pflanzen einmal von Wachsen auf Blühen umgeschaltet, brauchen sie länger zur Bewurzelung, und Stecklinge von blühenden Trieben bilden oft überhaupt keine Wurzeln.

Weichholzstecklinge

Man schneidet sie von den Spitzen im Wachstum befindlicher Triebe. Am unteren Drittel die Blätter abstreifen und die Stecklinge in Schalen oder Töpfe mit geeignetem Vermehrungssubstrat geben. Weichholzstecklinge, die Sie jetzt von frostempfindlichen Stauden nehmen, werden im Haus oder in einem unbeheizten Gewächshaus überwintert.

Halbreife Stecklinge

Sie sollen an der Spitze noch weich, an der Basis über eine Länge von etwa 1 cm aber schon fest und bräunlich gefärbt sein. Man gewinnt sie von Seitentrieben beispielsweise bei Lavendel (*Lavandula*), Salbei (*Salvia*) oder Strohblumen (*Helichrysum*).

Absenker

Einige duftende Pflanzen wie Chinesische Winterblüte (*Chimonanthus* praecox) und Zaubernuss (*Hamamelis*) lassen sich kaum aus Stecklingen, dafür aber sehr gut mit dieser Technik vermehren. Zwischen Ende des Frühjahrs und Frühsommer biegt man mindestens ein Jahr alte Triebe so weit nach unten, dass ein Teil in die Erde eingegraben werden kann. Hat sich dieser Abschnitt nach 12–18 Monaten bewurzelt, kann der Absenker von der Mutterpflanze abgetrennt und separat gepflanzt werden.

Noch zuverlässiger funktioniert die Methode, wenn man vor der Stelle, an der man den Trieb im Boden verankert, das Gewebe verletzt, indem man einen schmalen Bereich der Rinde ringförmig abschält, den Trieb fest mit Draht umwickelt, einschneidet oder verdreht. Jede dieser Maßnahmen vermindert die Nährstoffversorgung des abgesenkten Sprossabschnitts durch die Mutterpflanze und stimuliert diese, das Überleben des Triebes schnell durch Wurzelbildung zu sichern.

Außen an einem Wintergarten oder Gewächshaus gezogen, verströmen Duftwicken (Lathyrus odoratus) *ihr Aroma und spenden lichten Schatten.*

Teilung

Jetzt ist die richtige Zeit, um Pflanzen wie die Deutsche Schwertlilie (*Iris-germanica*-Sorten) zu teilen. Gleich nach der Welke der Blüten den Wurzelstock ausgraben, vorsichtig waschen und die jüngsten Rhizomabschnitte abtrennen. Alle alten, kranken oder abgeblühten Teile werden entfernt. Unverzüglich neu pflanzen und gründlich wässern.

Auspflanzen

Sobald im Frühsommer keine Spätfröste mehr drohen, pflanzen Sie die halb winterharten Einjährigen aus, die tagsüber bereits im Freien abgehärtet wurden. Auch Zwiebeln, die im Herbst blühen sollen, wie Herbstzeitlose (*Colchicum autumnale*), beziehen jetzt ihren endgültigen Platz, sei dies ein Topf, eine Rabatte oder eine Grasfläche, auf der sie natürliche Kolonien bilden dürfen. Da bei den meisten die Blüten vor dem Laub erscheinen, markieren Sie die Pflanzstellen mit einem Stein oder Stab, um die Zwiebeln nicht bei Gartenarbeiten zu verletzen.

Die Sommermonate sind nicht gerade die beste Zeit, um große Bäume und Sträucher zu setzen, denn die geringe Bodenfeuchtigkeit macht ihnen die Eingewöhnung schwer. Lässt sich der Pflanztermin nicht verschieben, graben Sie beim Auffüllen des Erdlochs ein senkrecht ausgerichtetes Rohr in Wurzelnähe mit ein, durch das Sie anschließend ganz gezielt gießen können.

Gewächshäuser und Wintergärten

Manche Pflanzen, die sonst in Gewächshäusern oder Wintergärten gehalten werden, zum Beispiel *Citrus*, *Bougainvillea*, Oleander (*Nerium oleander*) und Wandelröschen (*Lantana*), schätzen es sehr, wenn sie eine Weile dem warmen Sommerwetter direkt ausgesetzt sind. Sie brauchen allerdings ein sonniges Eckchen, das Schutz vor kalten Winden bietet. Ein solcher »Sommerurlaub« bietet die perfekte Gelegenheit, um die Pflanzen mit Spritzmitteln gegen Schädlinge oder Krankheiten zu behandeln.

Nachdem diese Pflanzen vorübergehend das Feld geräumt haben, gibt es Platz für frühe Tomaten und empfindliche Paprika. Als natürliche Abschattung bieten sich Duftwicken (*Lathyrus odoratus*) an, die man außen am Gewächshaus oder Wintergarten an dünnmaschigen Gittern emporranken lässt.

Rosenspalierweg

Für alle, die jeden Winkel ihres Gartens nutzen wollen, ist ein Weg, über dem sich mehrere von Rosen umrankte Bögen erheben, eine perfekte Lösung. Eine solche Blütengalerie fasziniert durch Farbe und Duft und ist obendrein nützlich: Das ganze Jahr über bildet sie eine Verbindung zwischen zwei Gartenbereichen, und im Sommer, wenn die Pflanzen in vollem Wachstum stehen, spendet sie angenehmen Schatten.

WAS SIE BRAUCHEN

Werkzeug: Spaten, Rosenschere

Materialien: Metallbögen oder ähnliche Kletterhilfen, Pflanzen, Langzeitdünger, Schnur

Ein Rosenspalier gewinnt mit zunehmendem Alter an Reiz. Wählen Sie für die Seiten und die Bögen sowohl farblich ansprechende als auch angenehm riechende Züchtungen. Vor allem der Duft spielt eine sehr große Rolle, denn er konzentriert sich in diesem Fall in einer Höhe von 1–3 m über dem Boden – also in dem Bereich, in dem wir ihn am besten erschnuppern können. Ideal sind Kletterrosen wie *Rosa* 'Zépherine Drouhin' und *R.* 'Albertine'.

Pflanzen Sie Rosen mit ähnlicher Wüchsigkeit und Form, um ein ausgewogenes Verhältnis der Rosensträucher entlang des Weges zu erreichen. Verflechten Sie die Triebe nicht mit ihrer Stütze, sondern binden Sie sie an, damit sie sich später relativ einfach lösen und wieder befestigen lassen, falls Sie die Bögen streichen oder reparieren wollen. Auch die Pflege der Rosen, wie Schnitt und Erziehung, gestaltet sich wesentlich einfacher, wenn die Pflanze nicht untrennbar mit ihrer Stütze verbunden ist.

Tipp: Müssen Sie die Rosen losbinden, um das Klettergerüst zu pflegen, sollten Sie dies während der Schnittzeit in einem Arbeitsgang erledigen, um die Pflanzen nicht unnötig oft zu stören.

Stellen Sie das Gerüst nach den Anleitungen des Herstellers auf. Hier werden Metallbögen entlang eines Weges verankert. Graben Sie 30–40 cm neben der Stütze ein Loch, in dem genug Platz für die Wurzeln ist.

Die Pflanze vorsichtig am Stamm aus dem Topf ziehen und eventuell die Wurzeln lockern. Den Ballen so in das vorbereitete Loch stellen, dass der Stamm an die Stütze gelehnt werden kann.

Schaufeln Sie die Erde wieder ins Loch und drücken Sie sie behutsam fest. Streuen Sie ausreichend Langzeitdünger auf die Oberfläche. Regen oder Gießwasser werden ihn allmählich in die Wurzelzone schwemmen.

Anschließend bindet man den kräftigsten Leittrieb so an die Stütze, dass er in die gewünschte Richtung wächst.

Haupttriebe müssen immer wieder eingebunden werden. Aber auch Seitentriebe sollte man so lenken, dass sie die Lücken zwischen den Haupttrieben schließen. Dann bleibt das Gerüst immer gleichmäßig begrünt.

Neue Triebe binden Sie fest, überschüssige oder beschädigte werden dagegen herausgeschnitten. Dünnen Wuchs kürzt man um etwa zwei Drittel ein – das regt die Pflanze zur Entwicklung kräftiger Triebe an.

Blühende Rasenterrassen

Schlagen Sie nicht gleich die Hände über dem Kopf zusammen, wenn Sie einen Hang begrünen sollen: Nutzen Sie lieber die Gestaltungsmöglichkeiten, die eine Schräge bietet. Sie einzuebnen wäre ausgesprochen zeit- und kostenaufwändig. Stattdessen legt man besser Rasenterrassen an. Sie sind praktisch und sehen außerdem gut aus. Darüber hinaus können Duftpflanzen die Ebenen als Bühne für ihren großen Auftritt nutzen.

WAS SIE BRAUCHEN

Werkzeug: Schnur, Holzpflöcke, Hammer, Latte, Wasserwaage, Spaten

Materialien: Steine bzw. Ziegel oder ähnliches Material, Duftpflanzen wie *Dianthus* und *Thymus*

Erstes Gebot bei der Anlage eines Hanggartens: Halten Sie den Arbeitsaufwand durch vorausschauendes Planen in Grenzen. Ein Rasen sollte nur dort angelegt werden, wo man auch mähen kann. Und ist die Böschung zu steil, versucht man, die Neigung zu reduzieren – am besten durch Unterteilung in eine oder mehrere Terrassen, die den Hang auch optisch auflockern. Dazu ebnet man einen Teilbereich ein und stabilisiert das Erdreich durch niedrige Stützmauern. Das Material dafür, etwa Natursteine oder Ziegel, sollte sich harmonisch in den Garten und seine Umgebung einfügen.

Die Höhe der einzelnen Terrassen und die Abstände zwischen den Stützmauern hängen von der Hangneigung ab: Je steiler die Böschung, desto schmaler müssen die einzelnen Stufen sein. Rasenterrassen wirken auf einem kleinen Hang ebenso gut wie auf einem weitläufigen Areal und lassen sich einfach pflegen. Zudem bilden Grasflächen einen idealen Rahmen für niedrig wachsende Duftpflanzen – und das ganz ohne separate Rabatten.

Tipp: Wählen Sie Duftpflanzen, die durchlässige Böden bevorzugen. Nelken (*Dianthus*) beispielsweise gedeihen zwischen den Steinen einer Stützmauer hervorragend.

Die Stufen passend zur Hangneigung planen – je steiler, desto höher und schmaler die Terrassen. Mit Pflöcken und Schnüren den Verlauf der Stufen markieren. Je nach Geschmack kann man sie auch unregelmäßig anlegen.

Damit man die Stufen noch bequem hinaufsteigen kann, sollten sie idealerweise nicht höher als 30 cm sein. Dagegen können Sie die Tiefe der Stufen beliebig wählen.

Heben Sie entlang der gespannten Schnur einen Graben aus, in den die Steine passen. Klappen Sie nun die oben liegende Grasnarbe je nach Hangneigung über eine Breite von 30–60 cm zurück.

Setzen Sie die Steine, die als Stützmauer dienen. Sie müssen mindestens zur Hälfte in den Boden versenkt werden. Die umgebende Erde gut andrücken und verdichten.

Füllen Sie nun oberhalb der Mauer bis auf 5 cm unter der Krone Erdreich auf und harken Sie es feinkrümelig. Dann die zurückgeklappte Grasnarbe darüber legen und behutsam festdrücken.

Zu guter Letzt setzt man niedrig wachsende Duftpflanzen in die Ritzen zwischen den Steinen. Fertig!

Topfgärten

Terrassen, Balkone und Dachgärten haben eines gemeinsam: einen festen Bodenbelag, in dem keine Pflanzen wurzeln können. Während sich Terrassen meist an einem sonnigen Platz befinden, der ausreichend Abstellfläche für Essmöbel und Liegestühle bietet, sind Balkone und Dachgärten stärker von der Architektur des Hauses als von der Sonneneinstrahlung bestimmt, und sie liegen bisweilen auf der Schlechtwetterseite. Auf eine »dufte« Stimmung, wie man sie von traditionellen Gärten kennt, muss man hier trotzdem nicht verzichten. Es gibt schließlich Töpfe!

Balkone und Dachgärten

Trägt mein Balkon oder Dachgarten die Last der Gefäße? Und stehen diese stabil genug? Das sind zwei ganz entscheidende Fragen. Vor allem an Standorten, die kräftigen Winden ausgesetzt sind, sollte man Töpfe mit breitem Sockel wählen und höhere Gewächse gut stützen. Zudem sollten die Pflanzen in sicherer Entfernung von Rändern platziert werden. Tipp: Stellen Sie möglichst auch Rankgitter an den Seiten von Balkonen oder Dachgärten auf, denn sie schwächen den Wind etwas ab.

Pflanzgefäße

Der Handel bietet ein breites Spektrum an Pflanzgefäßen. Terrakotta in seinen natürlichen Erdfarben wirkt sehr dekorativ, ist jedoch nicht immer frostbeständig. Und da Ton porös ist, verdunstet nicht nur über die Ballenoberfläche Wasser, sondern auch über die Gefäßwände, was häufigeres Wässern zur Folge hat. Glasiertes Steingut ist in vielen Nuancen erhältlich – ideal also, wenn man bestimmte Farbenschwerpunkte schaffen oder Rankgitter, Holzelemente und Gefäße optisch aufeinander abstimmen will.

Kunststofftöpfe sind leicht, in einer Vielzahl von Farben verfügbar und halten die Erde länger feucht, weil durch die Wände kein Wasser verdunstet. Zwar sieht Kunststoff nicht so natürlich aus wie Ton, aber man kann die Gefäße hinter Laub verbergen oder anmalen. Sie halten jahrelang, werden bei intensiver Sonneneinstrahlung allerdings mit der Zeit brüchig. Metallgefäße speichern Wasser ebenfalls gut, doch sie heizen sich in der Sonne sehr stark auf, sodass die Wurzeln Schaden nehmen können.

Duftende Topfpflanzen

Solange sie gut gepflegt werden, lassen sich die meisten Gewächse in Gefäßen kultivieren. Hier einige empfehlenswerte Duftpflanzen für Töpfe:

- **Für Räume**
  Freesia, Lilium, Hoya, Gardenia, Hyacinthus, Stephanotis, Citrus limon, Narcissus, Iris reticulata und *Jasminum*.

- **Fürs Freie**
  Abeliophyllum, Hamamelis, Laurus nobilis, Myrtus, Narcissus, Nicotiana, Sarcococca, Daphne, Lavandula und *Artemisia*.

Dieses gusseiserne Gefäß bereichert mit seinem hübschen Rankendekor jeden Terrassengarten.

Bei Topfgärten muss man sich nicht auf kleine Pflanzen beschränken – selbst kleinere Bäume gedeihen in Kübeln.

Topferde

Auf einem Balkon oder einem Dachgarten spielt das Gewicht der Topferde naturgemäß eine größere Rolle als auf der Terrasse.

Lehmfreie Topferde

Lehmfreie Topferde besteht aus Torf mit verschiedenen Beimischungen. Sie ist wesentlich leichter und lockerer als Erde auf Lehmbasis und garantiert eine gute Belüftung der Wurzeln. Allerdings trocknet sie bei Hitze sehr schnell aus und lässt sich nur schwer wieder durchnässen. Zudem muss man regelmäßig Nährstoffe zuführen. Das geringe Gewicht hat den Nachteil, dass die Pflanze vor allem bei Trockenheit instabil wird.

Erde auf Lehmbasis

Sie ist schwerer als lehmfreie Topferde und gewährleistet einen stabileren Stand der Gefäße. Außerdem speichert sie Feuchtigkeit und Nährstoffe besser. Sie ist in verschiedenen Typen erhältlich, sodass man für jede Topfpflanze – ob Sommerblume oder Obstgehölz – das geeignete Substrat findet.

Pflasterfugen bepflanzen

Man braucht keinen großen Garten, um Duftpflanzen zu ziehen – ja, man braucht im Grunde überhaupt keinen Garten. Viele kleine Gewächse fühlen sich in den Fugen und Spalten von Mauern oder Pflasterflächen ebenso wohl. Die niedrigen Bodendecker lockern die harten Linien nüchterner Weg- und Terrassenbeläge reizvoll auf.

WAS SIE BRAUCHEN

Werkzeug: Hammer, Meißel, Spitzkelle, Bürste, Gießkanne oder Gartenschlauch

Materialien: Gartenerde, Pflanzen wie *Dianthus*, *Phlox*, *Viola odorata*, *Thymus* und *Chamaemelum*

Bereits beim Verlegen von Weg- oder Terrassenplatten kann man zwischen ihnen Lücken lassen, in denen Pflanzen Platz finden. Ist ein Belag jedoch schon vorhanden, kratzt man aus den Fugen etwas Sand oder Mörtel heraus – wie viel, hängt von der Verlegetechnik und dem Fundament ab, das durchstoßen werden muss, um für ausreichende Drainage zu sorgen. Eventuell muss sogar etwas Erdreich zwischen den Fugen herausgeschabt werden, doch auch das hängt letztendlich von der Art und Weise ab, wie der Belag verlegt wurde.

Indem Sie die so entstandenen Zwischenräume mit Pflanzen füllen, schlagen Sie zwei Fliegen mit einer Klappe: Zum einen beleben Sie kahle Flächen, und zum anderen nehmen Sie Unkräutern ihr Terrain. Römische Kamille (*Chamaemelum nobile*) und Echter Thymian (*Thymus vulgaris*) wachsen schnell, breiten sich rasch aus und nehmen es nicht übel, wenn man auf sie tritt. Als weitere wohlriechende »Lückenfüller« eignen sich *Lavandula* x *intermedia* und die am Abend intensiv nach Veilchen duftende Nachtkerze *Oenothera triloba*.

Tipp: Hände weg von invasiven Pflanzen wie den größeren Arten der Gattung Minze (*Mentha*), denn sie untergraben Beläge.

Lockern Sie dort, wo Sie die Pflanze einsetzen wollen, mit einem kleinen Meißel den Mörtel zwischen den Platten. Achten Sie jedoch darauf, dass der Belag nicht beschädigt wird.

Dann kratzen Sie mit einer Spitzkelle Sand und Mörtel aus der Fuge. Es sollte möglichst viel Füllmaterial entfernt werden, damit die Wurzeln genug Raum zur Entfaltung haben.

Die Pflanze aus dem Topf klopfen, die Wurzeln lockern und so viel Erde wie möglich abschütteln, sodass der Ballen in die Lücke passt.

Mit den Fingern schiebt man die Pflanze jetzt in den Zwischenraum und drückt sie fest. Sie sollte etwas höher stehen als der Belag, denn mit der Zeit wird sie sich setzen.

Jetzt in das Pflanzloch Erde einbürsten und dabei immer wieder leicht an der Pflanze ziehen, sodass noch etwas mehr Erde zwischen die Wurzeln rieselt.

Wässern Sie die Pflanze, damit sich die Erde um die Wurzeln setzt. Nachdem das ganze Substrat in die Lücke geschwemmt wurde, muss eventuell noch etwas Erde nachgefüllt werden.

SOMMERPROJEKT SOMMERPROJEKT SOMMERPROJEKT SOMMERPROJEKT SOMMERPROJEKT

Zitruspflanzen

In Wohnräumen und auch in Wintergärten bilden Zitrusgewächse einen attraktiven Blickfang. Zitronen (*Citrus limon*) treiben genauso wie andere Vertreter der Gattung *Citrus* glänzendes Laub und rosa Knospen, die sich zu strahlend weißen Blüten entfalten und nicht nur schön anzusehen sind, sondern ihre Umgebung zudem mit einem narzissenartigen Duft erfüllen.

WAS SIE BRAUCHEN

Werkzeug: Gartenschere, Blumensprüher, weicher Lappen oder Papiertaschentücher

Materialien: Zitrusgewächs, Bambusstab, Schnur, Spülmittel, Blattglanzmittel, Dünger

In Gegenden mit mildem Klima ist es möglich, Zitrusgewächse von Spätfrühling bis Frühherbst im Freien zu kultivieren und sie dann drinnen zu überwintern. Wie bei anderen Pflanzen wird ihr Wachstum vornehmlich durch Lichtintensität und Temperatur gesteuert, wobei die meisten Zitrusgewächse bei einer Temperatur unterhalb 13 °C in eine Vegetationsruhe eintreten. Bei diesem Projekt steht die Zitrone (*Citrus limon*) und damit eine Art im Mittelpunkt, die fünfmal im Jahr Blüten ansetzt. So kann es vorkommen, dass eine Pflanze gleichzeitig Knospen, Blüten und Früchte trägt.

Damit sich Zitrusgewächse zufriedenstellend entwickeln, benötigen sie konsequente Pflege. Sie legen fast keine Pause ein und neigen dazu, etwas unorganisiert zu wuchern. Folglich müssen sie zum Aufbau eines dichten, kräftigen Zweiggerüsts, das die Last der Früchte tragen kann, regelmäßig geschnitten und erzogen werden.

Tipp: Ein rigoroser Rückschnitt will bei Zitrusgewächsen wohl überlegt sein. Da in ihrem verholzten Gewebe sehr begrenzte Nährstoffreserven gespeichert sind, kann das gleichzeitige Entfernen mehrerer Triebe eine Reihe der verbleibenden Zweige zum Absterben bringen.

Bei neu erworbenen oder jungen Pflanzen den Haupttrieb an einen Bambusstab binden. Diese Erziehungsmaßnahme regt einen aufrechten Wuchs mit einem gut entwickelten Zweiggerüst an.

Mit dem Haupttrieb konkurrierende Sprosse werden ausgeknipst und Seitentriebe, die sich kräftig entwickeln sollen, um etwa ein Drittel eingekürzt.

Möglichst nur junge, noch unverholzte Triebe schneiden. Bei älteren Zweigen, die nach einem Schnitt absterben und von einem Pilz befallen werden, die betroffenen Partien nachträglich entfernen.

Hat sich auf den Blättern eine Schmutzschicht gebildet, sprüht man sie mit einer lauwarmen schwachen Spülmittellösung ein. Eventuell sind mehrere Anwendungen in Folge erforderlich.

Schmutzreste mit einem weichen Lappen oder Papiertaschentüchern von den Blättern abwischen und anschließend nach Belieben ein Blattglanzmittel auftragen.

Da die Pflanze fast stetig wächst, muss sie regelmäßig gedüngt und umgetopft werden. Der neue Topf sollte nur 2–3 cm größer sein, sonst wird das Triebwachstum zu stark angeregt – auf Kosten der Blütenbildung.

Gefäße mit Kletterpyramide

Duftende Arrangements in Töpfen bieten die Möglichkeit, selbst den kleinsten Garten sowie Sitzplätze und Terrassen beim Haus in Wohlgeruch zu hüllen. Zudem lassen sich in Gefäßen die Pflanzen kultivieren, für die sich der Gartenboden nicht eignet. »Duftspender« wie Wicken, Rosen oder Jasmin kann man an Kletterpyramiden und Ranksäulen hochklettern lassen und damit auf kleinstem Raum ziehen.

WAS SIE BRAUCHEN

Materialien: Großes Gefäß, Einheitserde, Duftwicken (*Lathyrus odoratus*), Kletterpyramide

Topfpflanzen an Klettergerüsten haben reichlich Raum zum Wachsen, nehmen aber trotzdem wenig Platz ein. Man wählt die Stütze passend zum Gewächs, das sich an ihr hochziehen soll. Das gilt vor allem für rankende und windende Kletterer, denn die Triebe können Streben und Stöcke mit zu großem Durchmesser nicht mehr umschlingen – sie sollten nicht stärker als ein Bleistift sein. Stützen wie Bambusstäbe eignen sich gut für Wicken und ähnliche Kletterer: Sie sind kräftig genug, um die Pflanzen problemlos zu tragen, und gleichzeitig so dünn, dass man sie zwischen Laub und Blüten kaum mehr sieht.

Ein von Duftwicken überwuchertes Klettergerüst in Pyramidenform bildet in jedem Sommergarten einen reizenden Blickfang. Indem man die Wicken in das Innere der Pyramide setzt, spart man eine Menge Zeit, denn die Pflanzen streben immer zum Licht und halten sich an allem fest, was sie auf ihrem Weg finden – also auch an den Stützen, die sie umgeben. So muss man den neuen Wuchs nicht mehr eigens anbinden. Außerdem stützen sich die Triebe irgendwann einmal gegenseitig.

Tipp: Im Herbst können Sie die Gefäße mit duftenden Zwiebelgewächsen wie *Narcissus* 'Pheasant Eye' bepflanzen - und sich auf einen farbenprächtigen, duftenden Blütenflor im Frühling freuen.

Als Erstes wählt man ein geeignetes Gefäß und füllt es bis 10 cm unter dem Rand mit Topferde (nachdem die Erde zuletzt vorsichtig angedrückt wurde).

Nehmen Sie nun die Duftwicken aus ihren Töpfen und pflanzen Sie sie etwa 7–10 cm vom Rand entfernt in das Gefäß. Dann die Erde gut andrücken.

Legen Sie den Rahmen der Kletterpyramide auf den Gefäßrand und schrauben Sie ihn locker zusammen; ist das Gerüst komplett aufgestellt, werden die Schrauben fest angezogen.

Stecken Sie nun die senkrechten Streben in die dafür vorgesehenen Löcher im Rahmen und drücken Sie sie 7–10 cm tief in die Erde, um die Stabilität zu erhöhen.

Nachdem alle Streben in die Löcher gesteckt wurden, fixiert man sie am oberen Ende mit einem Ring und einem dekorativen Aufsatz.

Pflanzen Sie die Wicken in das Innere der Kletterpyramide. So wachsen sie nach außen und klammern sich dabei an den Streben fest.

Kräuter für die Gesundheit

Seit alters ist den Menschen die heilende und wohltuende Wirkung von Kräutern bekannt. Schon früh unterhielten Klöster wie auch Apotheker, die berechtigt waren, Heilmittel herzustellen und zu verkaufen, Kräutergärten, und manche der heute gängigen Medikamente wurden aus pflanzlichen Inhaltsstoffen synthetisiert. Wer gern kocht, weiß, dass das Aroma selbst gezogener Kräuter unübertroffen ist, ob man sie frisch vom Topf pflückt, der vielleicht gleich neben dem Grill steht, oder an anderer Stelle im Garten zieht, um sie zu gegebener Zeit zu ernten und für die spätere Verwendung zu trocknen.

Kräuteranbau

Die Kräuter, die heute in vielen Gärten oder auf Balkonen gedeihen, stammen aus ganz unterschiedlichen Gegenden und haben entsprechend voneinander abweichende Kulturansprüche. Die meisten bevorzugen jedoch einen sonnigen, vor kalten Winden geschützten Platz mit gut durchlässigem Boden. Manche Arten wie *Ocimum basilicum* (Basilikum) verlangen bei uns in der Regel Winterschutz, während etwa *Rosmarinus officinalis* (Rosmarin) außer bei extremen Kälteeinbrüchen vielerorts den Winter übersteht.

Kräuterernte

Sind die Pflanzen einmal gut eingewachsen, kann man reichlich von ihnen ernten. Manche Pflanzen, wie etwa Minze (*Mentha*), wuchern so stark, dass Sie auch noch Freunde und Verwandten damit versorgen können. Stängel, die Sie nicht frisch verwenden, trocknen Sie, einfach kopfüber aufgehängt, an einem warmen, gut belüfteten Ort. Dann brauchen Sie nur noch dichte Gläser zur Aufbewahrung (s. a. »Ernten & trocknen«, S. 28 ff.).

Kräutertees

Viele Kräuter lassen sich frisch oder getrocknet als Tee aufbrühen, der heiß oder auch eisgekühlt einfach aus Genuss oder zu Heilzwecken getrunken wird. Gegen Magenverstimmung, Nervosität und schlechten Schlaf hilft bekanntlich ein Tee von Kamille (*Chamaemelum nobile*). Ein Aufguss mit Salbei (*Salvia officinalis*) stärkt dagegen die Konzentrationsfähigkeit und kann gegurgelt Halsschmerzen lindern.

Zubereitung eines Kamillen- oder Salbeitees. 250 ml Wasser einmal aufkochen lassen. Nach 30 Sekunden 1 TL Blüten bzw. Blätter darüber streuen und ziehen lassen, dann 10 Minuten lang gelegentlich umrühren. Abseihen, nach Belieben mit Honig süßen und – am besten aus einer Porzellantasse – trinken.

Kräuterkissen

Sie gehen zurück auf jene Zeiten, als man Kräuter zur Insektenabwehr in Strohkissen stopfte. Ein Kräutersäckchen, nahe dem Bett aufgehängt, oder auch ein kleines Kissen fördert die Entspannung. Stellen Sie die Füllung nach ihren individuellen Bedürfnissen aus Blättern und Blüten von Kräutern wie Lavendel (*Lavandula angustifolia*), Gartenresede (*Reseda odorata*), Rosmarin und Zitronenverbene (*Aloysia triphylla*) zusammen.

Jasminblüten besitzen einen feinen Duft, der die Stimmung hebt. Eine winterharte Art ist Jasminum x stephanense *mit blassrosa Blüten.*

Kräuterbäder

Vor allem nach einem arbeitsreichen Tag im Garten tut ein Kräuterbad Seele und Körper gleichermaßen gut. Schlagen Sie eine große Hand voll Blätter oder Blüten in ein kleines, viereckiges Mulltuch ein, das Sie unter den Wasserstrahl hängen, während Sie das Bad einlaufen lassen. Entspannend wirken Kamille, Jasmin, Lindenblüten oder Baldrian (*Valeriana*). Falls Sie ausgepowert sind, wecken Basilikum, Lorbeer (*Laurus nobilis*), Fenchel (*Foeniculum vulgare*), Lavendel, Zitronenmelisse (*Melissa officinalis*), Zitronenverbene, Minze, Rosmarin, Salbei oder Thymian (*Thymus vulgaris*) die Lebensgeister. Eine heilende Wirkung geht von Ringelblume (*Calendula officinalis*), Grüner Minze (*Mentha spicata*) und Wiesen- oder Gewöhnlicher Schafgarbe (*Achillea millefolium*) aus.

Aus den süßlich-fruchtig duftenden cremegelben Blüten der Linde (Tilia) *lässt sich ein entspannendes Kräuterbad bereiten.*

Kräutermedizin

Viele konventionelle Arzneimittel haben ihren Ursprung in der Pflanzenheilkunde. So kaute man früher bei Kopfschmerzen Weidenrinde – die später in ihr nachgewiesene Salizylsäure bildet die Grundsubstanz des heutigen Aspirins. In jeder Hausapotheke finden sich Ringelblumensalbe gegen Schnitt- und Schürfwunden, Arnika gegen Prellungen und Verstauchungen und Aloe-vera-Gel gegen Sonnenbrand. Bei Insektenstichen greift man zu Wegerich (*Plantago*), bei Migräne zu Mutterkraut (*Tanacetum parthenium*) und bei Verdauungsproblemen zu Minze.

Nachbarpflanzen

Wer Pflanzen ihres Wohlgeruchs wegen kultiviert, möchte eines am allerwenigsten: dass sich ihr Duft kaum oder überhaupt nicht entfaltet. Das kann jedoch passieren, wenn Krankheiten oder Schädlinge auftreten und deshalb gespritzt werden muss. Das Risiko eines Befalls lässt sich jedoch verringern, wenn man Pflanzen richtig kombiniert. Oft werden duftende Gewächse eingesetzt, um Schädlinge von Gemüse fern zu halten.

WAS SIE BRAUCHEN
Werkzeug: Kelle, Hohlpflanzer oder Spaten
Materialien: Pflanzen (siehe Kasten unten)

Die Rückstände eines Insektensprays können sich in einem Beet tagelang halten – dass ein solcher Störfaktor es unmöglich macht, den Wohlgeruch der Pflanzen so richtig zu genießen, versteht sich von selbst. Einige Pestizide töten oder vertreiben außerdem nicht nur Schädlinge, sondern auch Bestäuber und andere Nützlinge. Nachbarschaftshilfe lautet das Zauberwort, um diesen Problemen zu begegnen. Das heißt, man setzt Pflanzen nebeneinander, die sich wechselseitig gegen Fraßfeinde oder Krankheiten schützen. Es gibt zwei Arten von Nachbarpflanzen: erstens Wirte, die bestimmte Schädlinge oder Krankheitserreger anlocken und sie dadurch von den schutzbedürftigen Nachbarn ablenken, und zweitens Pflanzen mit abschreckender Wirkung. Die gewünschte Wirkung geht in beiden Fällen meist auf den Geruch zurück.

Zu schützende Pflanze	Nachbarpflanze
Apfel	Goldlack
Dicke Bohne	Möhre, Sellerie
Kohl	Rote Bete, Mangold
Salat	Möhre, Rettich
Kartoffel	Brunnenkresse, Studentenblume
Himbeere	Ringelblume
Rose	Ringelblume, Schnittlauch, Knoblauch, Studentenblume
Erdbeere	Borretsch, Speisezwiebel
Sonnenblume	Gurke, Zuckermais
Tomate	Basilikum, Möhre

Graben Sie ein Loch, das groß genug ist für den Wurzelballen der Nachbarpflanze. Bei kleineren Gewächsen genügt eine Kelle oder ein Hohlpflanzer; für größere braucht man einen Spaten.

Ist der Wurzelballen stark verdichtet, teilt man die Pflanze und setzt sie an verschiedenen Stellen neben die zu schützenden Gewächse. Hier kommt Schnittlauch in ein Rosenbeet.

Setzen Sie jetzt die Pflanze in das vorbereitete Loch.

Füllen Sie die ausgehobene Erde wieder in das Loch und drücken Sie sie behutsam an. Die Oberfläche des Wurzelballens muss von Erde bedeckt sein. Anschließend gut wässern.

Gern stellt man Apfelbäumen Goldlack zur Seite, der früh blüht und bestäubende Insekten anlockt. Ist der Goldlack verwelkt, machen sich die Insekten bei den inzwischen erschienenen Apfelblüten nützlich.

Brunnenkresse wird oft zwischen Kartoffeln gesetzt, um Blattläuse von ihnen wegzulocken. Sie muss sich der Nutzpflanze mehr oder weniger »opfern«. Ihr Duft ist jedoch ein willkommener Nebeneffekt.

PFLANZENVERZEICHNIS

FRÜHLING
SOMMER
HERBST
WINTER

BÄUME

Schlüssel zu den Kurzinformationen

H: Durchschnittliche Höhe der Pflanze.

S: Durchschnittliche Breite der Pflanze.

Sonne/Halbschatten/Schatten: Idealer Standort der Pflanze.

Gut durchlässig/mäßig feucht/ feucht: Grad der Bodenfeuchtigkeit, den die Pflanze benötigt.

Sauer/alkalisch/neutral/beliebig: Von der Pflanze bevorzugtes Bodenmilieu.

Z1 bis Z10: Härtezonen – niedrigster Temperaturbereich (Zone), den die Pflanze im Winter übersteht.

Zone 1: unter –46 °C
Zone 2: –46 bis –40 °C
Zone 3: –40 bis –34 °C
Zone 4: –34 bis –29 °C
Zone 5: –29 bis –23 °C
Zone 6: –23 bis –18 °C
Zone 7: –18 bis –12 °C
Zone 8: –12 bis –7 °C
Zone 9: –7 bis –1 °C
Zone 10: –1 bis 4 °C

Die Zonen geben nur Anhaltspunkte. Die Winterhärte hängt neben der Temperatur auch von Pflanztiefe, Wassergehalt bei Frosteinbruch, Windstärke, Dauer der Kaltwetterperiode sowie Länge und Temperaturen des vorangegangenen Sommers ab.

Drimys winteri
H 15 m S 10 m
Sonne/Halbschatten
Gut durchlässig
Beliebig Z8

Die in Südamerika heimische und mit der Magnolie verwandte Beiß- oder Winterrinde ist ein wuchsfreudiges Gehölz mit aufrechtem Habitus und stark duftender aschgrauer Borke. Die derben, ledrigen matt dunkelgrünen und unterseits bläulich weißen Blätter sind breit lanzettförmig und etwa 20 cm lang. Ab dem späten Frühjahr erscheinen bis in den Sommer in endständigen Dolden maximal 20 rahmweiße Einzelblüten, deren Duft an Jasmin erinnert. Vermehren lässt sich die Pflanze aus Samen (Aussaat in einem Kalten Kasten im Herbst) oder aus halbreifen Kopfstecklingen im Sommer.

Hoheria glabrata
H 7 m S 7 m
Sonne/Halbschatten
Gut durchlässig/mäßig feucht
Alkalisch/neutral Z8

Die ursprüngliche Heimat dieser Art aus der Familie der Malvengewächse liegt auf der Südinsel Neuseelands. Der attraktive kleine Baum besitzt einen anmutigen und aufgrund der dünnen, biegsamen Zweige breit ausladenden Wuchs. Die sommergrünen glänzend dunkelgrünen Blätter sind bis zu 10 cm lang, breit eiförmig und zugespitzt. Von Früh- bis Hochsommer erscheinen so viele duftende, durchscheinend weiße Blüten von bis zu 5 cm Durchmesser, dass sich die Zweige nach unten biegen. Zur Vermehrung sät man die Samen in Töpfe, die man im Herbst in einen Kalten Kasten stellt. Von Spätsommer bis Frühherbst können aber auch halbreife Stecklinge genommen werden.

BÄUME

Magnolia* x *veitchii
H 25 m S 15 m
Sonne/Halbschatten
Mäßig feucht
Sauer/neutral Z6

Die Veitchs Magnolie, eine sommergrüne gärtnerische Kreuzung aus *M. campbellii* und *M. denudata*, vereint die Merkmale beider Elternteile. Ihre zunächst aufrechte Silhouette weicht allmählich einer offenen, ausladenden Wuchsform. Im Austrieb purpurn überhaucht, zeigen sich die großen, länglich breit-eiförmigen und zugespitzten Blätter schließlich in mittlerem Grün mit hellerer Unterseite. Große, aufrechte, kelchförmige Blüten, deren Weiß zartrosa Farbverläufe zeigt, verbreiten im Frühsommer einen stark süßlichen Duft; die Blütenblätter von *M.* x *veitchii* 'Isca' sind an der Basis rosa gezeichnet. Im Spätsommer kann man halbreife Stecklinge nehmen, alternativ erfolgt die Vermehrung durch Absenker im Frühjahr.

***Robinia pseudoacacia* 'Frisia'**
H 10 m S 5 m
Sonne
Mäßig feucht
Beliebig Z5

Die Gewöhnliche Scheinakazie oder Robinie ist ein raschwüchsiger Baum, der zahlreiche Ausläufer bildet. An den Jungtrieben sitzen weinrote Dornen, die Borke der Pflanze erscheint mit zunehmendem Alter tief gefurcht. Die im Austrieb goldgelben gefiederten Blätter dieser Sorte nehmen im Sommer eine grünliche und im Herbst schließlich eine orangegelbe Färbung an. Dazu erscheinen im Sommer duftende weiße Schmetterlingsblüten in langen, hängenden Trauben, denen braune Hülsenfrüchte folgen. Durch einen alljährlichen kräftigen Rückschnitt im zeitigen Frühjahr kann man die Wuchskraft der Pflanze bändigen und sie zur Bildung größerer Blätter anregen; allerdings blutet sie weniger, wenn man einen Erhaltungsschnitt im Sommer durchführt. Vermehrt wird sie durch Pfropfen im Winter.

Tilia* x *euchlora
H 20 m S 15 m
Sonne/Halbschatten
Mäßig feucht
Alkalisch/neutral Z4

In der Jugend besticht die sommergrüne Krim-Linde durch ihr elegantes Erscheinungsbild. Später nimmt sie mit ihrem dichten Gewirr tief ansetzender Zweige, die im Alter beinahe bis zur Erde herabhängen, eine rundliche Kontur an. Ihre breit eiförmigen, fein gezähnten Blätter sind oberseits glänzend dunkelgrün, unterseits hingegen heller. Ein süßer Duft geht von den gelblich weißen Blüten aus, die im Hochsommer in kleinen Trugdolden erscheinen und Bienen oft benommen machen. Da diese Linden-Hybride nicht von Blattläusen befallen wird, ist sie frei von Honigtau. Die Vermehrung geschieht durch Okulation oder Pfropfen beziehungsweise durch Absenker im Frühjahr.

STRÄUCHER

Cytisus battandieri
H 3 m S 2 m
Sonne
Mäßig feucht
Beliebig Z7

Kultiviert wird dieser kleine Baum oder große Strauch vor allem wegen seiner goldgelben Schmetterlingsblüten, die in endständigen, dichten Trauben sitzen und nach Ananas duften. Die sommergrünen Blätter sind dreiteilig gefiedert und anfangs mit feinen, seidigen Haaren überzogen, wodurch sie silbrig schimmern. Später nehmen sie allmählich ein mattes Grün an. Ebenfalls mattgrün, mit zunehmendem Alter oft jedoch korkbraun, sind die straff aufrecht wachsenden Zweige. Die Pflanze wird nach der Blüte geschnitten, erholt sich allerdings nicht von einem zu rigorosen Schnitt bis ins ältere Holz. Zur Vermehrung nimmt man im Sommer halbreife Stecklinge.

Genista aetnensis
H 8 m S 8 m
Sonne
Gut durchlässig/mäßig feucht
Beliebig Z8

Ein aufrechter Wuchs und eine rundliche Silhouette gehören zu den Merkmalen des Ätna-Ginsters. Der große, elegante sommergrüne Strauch besitzt schlanke, überhängende, leuchtend grüne Zweige, die nahezu unbelaubt sind. Nur an den Jungtrieben erscheinen in spärlicher Zahl winzige, linealische Blätter. Sie sind von mittlerem Grün und seidig weiß behaart. Von Hoch- bis Spätsommer erscheinen an den Zweigspitzen eine Fülle kräftig duftender goldgelber Schmetterlingsblüten. Beim Schnitt müssen ältere Triebe verschont werden, da sie nicht nachwachsen. Vermehrt wird durch Aussaat im Frühjahr.

Lavandula angustifolia
H 1 m S 1 m
Sonne
Gut durchlässig/mäßig feucht
Alkalisch/neutral Z5

Der Echte Lavendel besitzt lange, schmale silbrig graue Blätter, die aromatisch duften. Sie sind filzig behaart, was den Feuchtigkeitsverlust der Pflanze wirksam minimiert. Die kleinen, röhrenförmigen Blüten stehen in schlanken Scheinähren auf festen, vierkantigen Stielen. Stark duftende Blüten in dunklem Violettblau und ein kompakter, buschiger Wuchs zeichnen die Sorte 'Hidcote' aus; 'Alba' blüht dagegen weiß und 'Rosea' bildet rosa Blüten. Die Vermehrung erfolgt im Spätsommer aus halbreifen Risslingen.

STRÄUCHER

Philadelphus coronarius
H 3 m S 2,5 m
Sonne/Halbschatten
Mäßig feucht
Beliebig Z5

Der sommergrüne, dicht und aufrecht wachsende, buschige Strauch trägt an dünnen Zweigen eiförmige mittelgrüne Blätter. Im Sommer gesellen sich dichte Blütentrauben dazu. Sie setzen sich aus kleinen cremeweißen Blüten zusammen, deren schwerer, süßer Duft dem Strauch den Namen »Falscher Jasmin« einbrachte – eine weitere Bezeichnung lautet »Gewöhnlicher Pfeifenstrauch«. Es stehen verschiedene Sorten mit attraktiv gefärbtem Laub zur Wahl, etwa 'Aureus' (hell goldgelbe, mit zunehmendem Alter zitronengelbe Blätter) und 'Variegatus' (mittelgrüne Blätter mit dekorativem, breitem weißem Rand). Die Vermehrung erfolgt im Sommer aus halbreifen Stecklingen beziehungsweise im Herbst aus Steckhölzern.

Rosa rugosa
H 2,5 m S 4 m
Sonne/Halbschatten
Mäßig feucht
Beliebig Z2

Die sehr robuste, wuchskräftige Kartoffel- oder Apfelrose kann durch Ausläufer regelrechte Dickichte bilden. An gräulich braunen Trieben, die dicht mit Stachelborsten und Stacheln besetzt sind, erscheinen ledrige, oberseits runzlige Blätter von glänzendem Dunkelgrün, das im Herbst vor dem Laubfall eine orangegelbe Färbung annimmt. Die großen, ungefüllten purpurrosa Blüten bilden offene Schalen mit leuchtend goldgelber Mitte. Aus ihnen entwickeln sich im Herbst große, rundliche hellrote Hagebutten. Die Sorte 'Hansa' bezaubert durch stark duftende, halb gefüllte Blüten in Scharlachrot. Nehmen Sie zur Vermehrung im Sommer halbreife Stecklinge oder alternativ im Winter oder Frühjahr Steckhölzer.

Rosmarinus officinalis
H 1,5 m S 1,5 m
Sonne
Gut durchlässig/mäßig feucht
Beliebig Z6

Mit zunehmendem Alter entwickelt sich der kräftige, breitwüchsige immergrüne Rosmarin zu einem ansehnlichen Strauch mit offener Mitte. Die bläulich grünen Blätter sind wegen ihres kräftigen Aromas in der Küche geschätzt, enthalten aber auch medizinisch wertvolle Inhaltsstoffe. Schmal und ledrig sind sie gegen starken Feuchtigkeitsverlust gefeit und dem heißen Klima des Mittelmeerraums, in dem die Pflanze zu Hause ist, gut angepasst. Im Spätfrühjahr und Frühsommer erscheinen entlang den Zweigen zweilippige blasslila Blütchen; gelegentlich folgt eine zweite Blüte im Herbst. Die Pflanze jährlich nach der ersten Blüte zurückschneiden, insbesondere wenn die Blätter geerntet werden sollen. Im Sommer lässt sich Rosmarin aus halbreifen Stecklingen vermehren.

KLETTERPFLANZEN & STRÄUCHER VOR MAUERN

Jasminum x stephanense

H 5 m S 3 m
Sonne/Halbschatten
Gut durchlässig
Beliebig Z7

Im Südwesten Chinas liegt die eigentliche Heimat der aus *J. beesianum* und *J. officinale* hervorgegangenen Hybride. Es handelt sich um eine wuchskräftige, verholzende Kletterpflanze. An den grünen, windenden Trieben sitzen bis zu 5 cm lange fünffiedrige mattgrüne Blätter, deren breit lanzettförmige Blättchen paarweise einander gegenüberstehen. Die blassrosa, im geöffneten Zustand sternförmigen Blüten von 2–3 cm Durchmesser strömen den für Jasmin typischen, schweren Duft aus. Nach der Blüte werden einige der älteren Triebe herausgeschnitten. Die Vermehrung erfolgt im Sommer mit halbreifen Stecklingen.

Lathyrus odoratus

H 2 m S 1 m
Sonne
Gut durchlässig
Beliebig Z6

Die wuchskräftige einjährige Duftwicke, deren ursprüngliche Heimat in Italien liegt, erklimmt beachtliche Höhen – das schafft sie, ohne aufgebunden zu werden, mit ihren Ranken, die an der Spitze der mittelgrünen, aus 2 Fiederblättchen bestehenden Blätter erscheinen. Den ganzen Sommer trägt sie Blüten, die vor allem abends einen intensiven Duft verströmen und mit einer immensen Farbenvielfalt faszinieren, wobei sich Weiß, Rosa und Dunkelviolett besonderer Beliebtheit erfreuen. Die eindringlichsten Farben und Düfte findet man bei alten Sorten wie 'Cupani' und 'Painted Lady'. Duftwicken werden im Herbst oder Frühjahr durch Aussaat vermehrt und vor dem Auspflanzen im Spätfrühling/Frühsommer abgehärtet.

Lonicera periclymenum

H 5 m S 5 m
Sonne/Halbschatten
Mäßig feucht
Beliebig Z4

Ein Platz an einer Mauer, einem Zaun oder auch einer Pergola ist für das wuchskräftige, sommergrüne Wald-Geißblatt ideal. Zu eiförmigen Blättern von mittlerem Grün bildet der Kletterer an den Spitzen der windenden, verholzenden Triebe intensiv duftende, röhrenförmige Blüten. Sie sind rot, gelb und weiß und werden im Herbst von roten, giftigen Beeren abgelöst. Die Sorte 'Belgica' trägt zwischen Spätfrühjahr und Frühsommer und dann nochmals gegen Sommerende weiße, außen purpurrot überlaufene und im Verblühen gelbe Blüten. Zwischen Hochsommer und Herbstmitte zeigen sich bei 'Serotina' dunkelrote, innen weiße Blüten, die zu Gelb verblassen. Zur Erhaltung der Form wird nach der Blüte altes Holz entfernt. Vermehrung durch Steckhölzer im Herbst.

KLETTERPFLANZEN & STRÄUCHER VOR MAUERN

***Rosa* 'Albertine'**
H 15 m S 4 m
Sonne
Mäßig feucht
Sauer Z7

Seit sie 1921 in Frankreich kreiert wurde, ist diese Kletterrose – ein Rambler mit biegsamen Trieben – in ihrer Zuverlässigkeit nahezu unübertroffen. Zur dekorativen Begrünung einer Mauer, eines Zauns oder Spaliers ist sie erste Wahl. An den neuen, überhängenden mattroten Trieben, die mit roten Stacheln besetzt sind, erscheinen kupferbraune, später glänzend mittelgrüne Blätter. Die stark duftenden lachsrosa und allmählich verblassenden Blüten sind gefüllt und weisen etwa 7,5 cm Durchmesser auf. Gleich nach der Welke werden beim Rückschnitt die alten Blütentriebe herausgenommen und auch alle Wildlinge entfernt, die unterhalb der Veredlungsstelle von der Unterlage entspringen können – sie entziehen der Rose Energie und müssen daher sofort am Ansatz abgerissen werden. Vermehrung aus Steckhölzern im Spätherbst.

Trachelospermum jasminoides
H 8 m S 8 m
Sonne
Mäßig feucht
Beliebig Z8

Der Chinesische Sternjasmin ist eine hübsche immergrüne Kletterpflanze, die an windenden, dünnen braunen Trieben in gegenständiger Anordnung derbe, glänzend dunkelgrüne Blätter trägt. Im Früh- und Hochsommer kommen in großer Zahl kleine, sternförmige weiße Blüten mit gelber Mitte hinzu, die nicht nur durch ihren eindringlichen Duft an Jasmin erinnern. Ein schmaler weißer Rand ziert das Laub der ebenfalls wohlriechenden Sorte 'Variegatum'. Die Vermehrung erfolgt durch Weichholzstecklinge im Sommer oder durch Absenken von Jungtrieben im Herbst.

Wisteria floribunda
H 10 m S 10 m
Sonne/Halbschatten
Mäßig feucht
Alkalisch/neutral Z5

Besonders im Frühsommer ist der Japanische Blauregen eine Augenweide: Dann erscheinen zum jungen, fein gefiederten mittel- bis dunkelgrünen Laub prächtige Blütenstände. Die Schmetterlingsblüten riechen nach Vanille und entfalten sich nach und nach vom Grund der lang überhängenden Trauben zu ihrer Spitze hin. Sie sind weiß, rosarot, blau oder malvenfarben. Je nach Sorte kann der Duft beträchtlich variieren: Besonders intensiv fällt er bei 'Multijuga' aus. Die attraktive Kletterpflanze fühlt sich vor einer besonnten Mauer äußerst wohl. Während sie ihre kräftigen Triebe im Uhrzeigersinn um eine Stütze windet, klettert sie in bis zu 10 m Höhe. Vermehrt wird sie durch Absenken, Pfropfen oder Weichholzstecklinge im Sommer.

STAUDEN & ZWIEBEL- UND RHIZOMPFLANZEN

Achillea millefolium
H 60 cm S 60 cm
Sonne
Mäßig feucht
Beliebig Z2

Die Wiesen- oder Gewöhnliche Schafgarbe ist eine Polster bildende krautige Staude, die sich stark ausbreitet. Das Laub ist von stumpfem, mittlerem Grün und fein gefiedert; die einzelnen Fiederblättchen sind lanzettförmig und fein behaart. Wegen ihres kräftigen Aromas, das an Mutterkraut erinnert, werden die getrockneten Blätter gern in Potpourris gemischt. Die Blüten verströmen einen moschusartigen Duft und erscheinen zwischen Früh- und Spätsommer in flachen Dolden von 7–10 cm großem Durchmesser an aufrechten Stielen über dem Laub. Ihr Farbspektrum reicht von Rot über Flieder bis zu Pink. Eine besonders populäre Sorte ist 'Fanal' mit tiefroten, zu Orange verblassenden Blüten. Zur Vermehrung wird die Pflanze im Frühjahr geteilt.

***Artemisia* 'Powis Castle'**
H 60 cm S 1 m
Sonne
Gut durchlässig/mäßig feucht
Beliebig Z8

Für eine sonnige Rabatte wie geschaffen ist der Strauch-Wermut, ein Vertreter der Gattung Beifuß. Die farnartig fiederteiligen Blätter, zusammengesetzt aus fast linealischen Blättchen, bilden ein duftiges, rundliches Kissen und rascheln schon im leisesten Wind. Bei Berührung geben sie ätherische Öle frei. Im Spätsommer und Herbst zeigen sich kleine gelbe Blüten mit silbrigem Schimmer. Zur Erhaltung einer kompakten Form kann die anmutige, an der Basis verholzende Staude im Frühjahr kräftig zurückgeschnitten werden. Vor allem in Gegenden mit hoher Frostwahrscheinlichkeit, in denen sie den Winter eventuell nicht übersteht, empfiehlt es sich, im Sommer Weichholzstecklinge oder Risslinge zu nehmen.

Dianthus chinensis
H 45 cm S 30 cm
Sonne
Gut durchlässig/mäßig feucht
Alkalisch/neutral Z4

Mit ihrem silbrig grauen Laub bilden diese Stauden oder Zweijährigen buschige Polster. Schmal lanzettförmige Blätter sitzen paarig an sehr dünnen, ebenfalls silbrig grauen Stängeln. Kaisernelken, die auch unter dem Namen »Chinenser-Nelken« geführt werden, eignen sich ausgezeichnet für den vorderen Bereich von Rabatten oder Beeten. Denn im Sommer und ein zweites Mal im Herbst bringen sie auf schlanken, bis zu 45 cm hohen Stängeln zahlreiche fein duftende Blüten in lebhaften Rosa- und satten Rottönen, aber auch in Weiß hervor. Die gefüllten Blüten der Züchtung 'Doris' zeigen zwei verschiedene Rosatöne und verbreiten einen intensiv würzigen Duft. Die Vermehrung erfolgt durch Aussaat im Frühjahr oder aus Stecklingen von nicht blühenden Trieben im Sommer.

STAUDEN & ZWIEBEL- UND RHIZOMPFLANZEN

Dianthus gratianopolitanus
H 20 cm S 40 cm
Sonne
Mäßig feucht
Alkalisch/neutral Z5

Die verholzenden Triebe der Pfingstnelke bringen an ihrer Basis kleine schmale, spitze Blätter in gräulichem Grün hervor, die sich zu einem niedrigen, breiten Polster verdichten. Ab dem späten Frühjahr und bis in den Sommer erscheinen auf kurzen, drahtigen Stängeln dicht über dem Laub einzelne Blüten mit starkem Duft nach Gewürznelken. Die Kronblätter sind am Rand gezähnt, und ihr unterschiedlich nuanciertes Pink weist oft in der Mitte einen dunkleren Farbring auf. Durch Aussaat oder Teilen im Frühjahr lässt sich die hübsche Staude vermehren.

Eryngium maritimum
H 40–100 cm S 1,2 m
Sonne
Gut durchlässig
Beliebig Z5

Sowohl die derben, stachelig gezähnten Blätter als auch die Stängel der Stranddistel (ein anderer Name lautet »See-Mannstreu«) variieren farblich zwischen Silbergrau und Graugrün. An den Triebspitzen dieser horstbildenden krautigen Staude erscheinen im Spätsommer silbrig stahlblaue Blüten in aufgewölbten Köpfchen, die von ledrigen, gezähnten Hüllblättern umkränzt sind. Oft halten sich die welken Blütenstände bis weit in den Winter hinein. Ungewöhnlich an dieser Pflanze sind die aromatischen Wurzeln: Wenn sie freigelegt werden, verbreitet sich ein Duft, der an Pastinaken erinnert. Zur Vermehrung nimmt man im Frühjahr Wurzelschnittlinge oder teilt die Pflanze. Auch die Aufzucht aus Samen ist, wie bei einigen anderen Artem der Gattung, möglich.

Hedychium coronarium
H 3 m S 1 m
Sonne/Halbschatten
Mäßig feucht/feucht
Beliebig Z9

Ursprünglich ist der Weiße Schmetterlingsingwer auf dem indischen Subkontinent zu Hause. Die krautige Staude von schmal aufrechtem Wuchs bildet ein fleischiges Rhizom. Zu lanzettförmigen, zugespitzten Blättern von glänzendem Dunkelgrün, die häufig eine Länge von 45 cm erreichen, erscheinen im Spätsommer stark duftende Schmetterlingsblüten. Sie sitzen auf oft 2 m hohen Stängeln in bis zu 20 cm langen, aufrechten Ähren. An der Basis der weißen Blütenblätter fällt eine gelbe Zeichnung auf. Um die Pflanze zu vermehren, säen Sie die Samen gleich nach der Ernte in Töpfe, die Sie in einen Kalten Kasten stellen; alternativ kann man die Rhizome im Frühjahr teilen.

STAUDEN & ZWIEBEL- UND RHIZOMPFLANZEN

Hemerocallis
H 1 m S 1 m
Sonne/Halbschatten
Mäßig feucht
Beliebig Z4

Einen interessanten Anblick von beinahe architektonischem Wert bilden die halb immergrünen, riemenförmigen hell- bis mittelgrünen Blätter, die in einer feinen Spitze enden. Die farbenprächtigen Blüten halten sich zwar nur einen einzigen Tag, was den Namen »Taglilie« erklärt. Doch sie entfalten sich im Hochsommer in so rascher Folge, dass ihre Vergänglichkeit kaum auffällt. Sie erinnern in ihrer Gestalt an Lilien und erscheinen an hohen, aufrechten verzweigten Stielen. *H. lilioasphodelus* (Gelbe oder Wiesen-Taglilie) und die aus der Art hervorgegangenen Hybriden duften sehr intensiv und ähnlich wie Geißblatt; bei *H. citrina* (Zitronen-Taglilie) öffnen sich die äußerst wohlriechenden Blüten nur am späten Nachmittag und Abend. Vermehrt werden Taglilien durch Teilung im Herbst.

Hosta
H 1 m S 60 cm
Halbschatten
Mäßig feucht
Beliebig Z6

Sehr ansehnlich sind allein schon die kleinen, trompetenförmigen, hängenden Blüten, die sich ab Sommermitte an hohen Stielen über dem Laub zeigen. Dass die Funkien jedoch zu den schönsten krautigen Stauden überhaupt gezählt werden, verdanken sie ihrem Laub. Das ganze Formenspektrum – von lang und schmal bis zu eiförmig und zugespitzt – ist vertreten, und die Farbpalette reicht von bläulichen Tönen bis zu spektakulären Kombinationen mit silberner oder goldgelber Panaschierung. Die Sorte 'Honeybells' bildet wohlriechende weiße, manchmal blau gestreifte Blüten, 'Invincible' duftet ebenfalls und blüht in sanftem Mauve. Zur Vermehrung werden die Pflanzen im zeitigen Frühjahr geteilt.

Lilium
H 1,2 m S 25 cm
Sonne/Halbschatten
Mäßig feucht
Beliebig Z6

Die auffälligen trompetenförmigen Blüten bestehen aus 6 Kelchblättern, die sich sternförmig aufspreizen – je nach Sorte beträgt der Gesamtdurchmesser zwischen 2,5 und 25 cm. Es gibt kaum andere Pflanzen mit derart duftintensiven Blüten. Ihre hell- bis dunkelgrünen Blätter sind mitunter beinahe grasartig schmal und grundständig. Bei manchen Lilien sind sie auch in Büscheln (Quirlen) entlang der oft 1 m hohen Stängeln angeordnet, die im Spätsommer oder Frühherbst von Blüten gekrönt sind. Für die Vermehrung trennt man im Herbst Zwiebelschuppen ab.

STAUDEN & ZWIEBEL- UND RHIZOMPFLANZEN

Salvia
H 30–150 cm S 23–60 cm
Sonne
Gut durchlässig/mäßig feucht
Beliebig Z9

In dieser Gattung sind zahlreiche Ein-, Zwei- und Mehrjährige vereint, die im Sommer durch ihre farbenprächtigen zweilippigen Blüten auffallen. Viele besitzen aromatische Blätter, darunter der als Küchenkraut verwendete Echte Salbei (*S. officinalis*). Gedrungen-buschig wächst die einjährige *S. viridis* 'Claryssa' mit Hochblättern in Purpur, Pink oder Weiß. Als Beetpflanzen wurden unter anderem *S. splendens* 'Blaze of Fire' und 'Red Arrow' gezüchtet, die beide signalrote Blüten zeigen. Der rhizombildende Mexikanische Salbei (*S. patens*) mit behaartem Laub blüht blau, und auch den Halbstrauch *S. guaranitica* schmücken lange blaue Blüten, allerdings in einem dunkleren Ton. Einjährige und Stauden vermehrt man im Frühjahr, Zweijährige im Sommer aus Samen. Von Sträuchern nimmt man im Spätsommer halbreife Stecklinge.

Thymus
H 30 cm S 30 cm
Sonne
Gut durchlässig/mäßig feucht
Beliebig Z5

Diese Gattung umfasst rund 350 Arten winterharter, immergrüner krautiger Stauden, Halbsträucher und Sträucher mit aromatisch duftendem Laub. Manche wachsen niederliegend zu Polstern oder dichten Teppichen, andere bilden mit ihren aufrechten Trieben kleine Büsche. Die kleinen Blätter sind meist eiförmig und von gräulichem Grün, manchmal auch behaart. *T.* x *citriodorus* (Zitronenthymian), eine zierliche strauchige Pflanze, treibt zu den bis 1 cm langen, nach Zitrone duftenden Blättern im Sommer an den Sprossspitzen winzige blassviolette Blüten in Scheinquirlen. Bei *T.* x *citriodorus* 'Aureus' zeigt das goldgelbe Laub einen grünlichen Hauch, und bei *T.* x *citriodorus* 'Silver Queen' sind die mittelgrünen Blätter silbrig marmoriert. Vermehrt wird Thymian aus halbreifen Stecklingen im Sommer.

Viola tricolor
H 13 cm S 15 cm
Sonne/Halbschatten
Mäßig feucht
Beliebig Z4

Diese Art umfasst Einjährige, Zweijährige und auch kurzlebige Stauden. Mit ihrem zierlich buschigen Wuchs eignet sich das Wilde Stiefmütterchen gut für Rabatten, aber auch für Pflanzgefäße. Zu gezähnten, herzförmigen Blättern trägt es ab dem Frühjahr und bis in den Herbst zart duftende, hübsche Blüten. Von den 5 Kronblättern zeigen die beiden oberen häufig ein dunkles Purpur oder Violett, die beiden mittleren sind blasspurpurn, und das unterste Kronblatt ist gelb mit violetten Streifen. Allerdings gibt es farbliche Abweichungen. So können die mittleren Petalen auch beinahe weiß oder von dunklem Purpur sein; bei 'Bowles Black' leuchtet aus einem extrem tiefen Violett ein gelbes Auge. Meist werden diese Pflanzen ein- oder zweijährig gezogen (Aussaat im Frühjahr). Sie können sich durch Selbstaussaat übermäßig ausbreiten.

EIN- & ZWEIJÄHRIGE

Calendula officinalis **'Fiesta Gitana'**
H 30 cm S 30 cm
Sonne/Halbschatten
Gut durchlässig/mäßig feucht
Beliebig Z8

Diese niedrige Beetsorte der Ringelblume ist eine kompakte, raschwüchsige Einjährige mit vielen Stängeln, an denen lanzettförmige, behaarte, aromatische Blätter sitzen. Ihre leuchtend gelb bis orangefarbenen Körbchenblüten mit dunklerer Mitte beleben den gesamten Sommer und bis in den Herbst hinein den vorderen Bereich von Rabatten. Auch in Pflanzkübeln und Fensterkästen wirkt sie fröhlich und erfrischend. Das regelmäßige Entfernen welker Blüten verhindert die Samenbildung und verlängert den Flor. Falls es doch zur Selbstaussaat kommt, keimen die Samen im nächsten Jahr. Die Vermehrung erfolgt im Spätfrühjahr durch Direktaussaat.

Datura inoxia
H 1 m S 1,2 m
Sonne
Mäßig feucht
Beliebig Z9

Ursprünglich ist diese Stechapfelart, eine halb winterharte immergrüne Einjährige, in Mittel- und Südamerika beheimatet. Den volkstümlichen Namen »Engelstrompete« erhielt sie wegen ihrer hängenden Blüten, die sich erst abends öffnen und einen betörenden Duft verströmen. Sie erscheinen in den Sommermonaten einzeln oder in Dreiergruppen, sind bis zu 30 cm lang, trompetenförmig und von auffälligem Weiß. Die teils 25–30 cm langen mittelgrünen Blätter besitzen eine längliche Form mit ausgeprägter Spitze, sind am Rand gewellt und weichfilzig behaart. Um die Pflanze zu vermehren, nimmt man im Frühsommer halbreife Risslinge, die man unter Glas zur Bewurzelung bringt.

Heliotropium arborescens
H 45 cm S 40 cm
Sonne
Mäßig feucht
Beliebig Z10

Als Zierpflanze wird der frostempfindliche immergrüne Halbstrauch meist einjährig gezogen. Die dicken, strukturierten, runzligen Blätter sind dunkelgrün und von länglicher Form. Sie sitzen an beinahe schwarzgrünen Trieben. Zwischen Mai und September schmückt sich die Strauchige Sonnenwende mit 10 cm breiten, flachen Dolden winziger Blüten, die stark duften – ein weiterer Name der Pflanze lautet »Vanilleblume«. Die Farbe der Blüten variiert zwischen dunklem Blauviolett und Lavendel, auch reines Weiß ist vertreten. Manche Sorten können aus Samen gezogen werden, darunter die noch relativ neue 'Mini Marine' mit kompaktem, buschigem Wuchs, bronzegrünem Laub und violettroten Blüten. Neben der Vermehrung aus Stecklingen im Herbst ist auch die Aussaat im Frühjahr möglich.

EIN- & ZWEIJÄHRIGE

Limnanthes douglasii
H 15 cm S 25 cm
Sonne
Mäßig feucht
Beliebig Z8

Die dünnen Triebe der niederliegenden oder aufrecht wachsenden Sumpfblume sind dicht besetzt mit leuchtend grünen, gefiederten Blättern, die einen leicht gezähnten Rand aufweisen. Kultiviert wird die halb winterharte Einjährige wegen ihrer schalenförmigen dottergelben und weiß gerandeten Blüten, die nicht nur mit ihrem süßen Duft, sondern auch mit ihrem Nektar willkommene Insekten wie Bienen und Schmetterlinge anlocken. In Gegenden mit mildem Klima kann die Pflanze an einem geschützten Platz im Freien überwintern. Sie verbreitet sich durch Selbstaussaat. Die gezielte Aussaat erfolgt im Frühjahr.

Lobularia maritima
H 15 cm S 23 cm
Sonne
Mäßig feucht
Beliebig Z7

In freier Natur kann man dem Strand-Silberkraut auf den Kanarischen Inseln begegnen. Die ausgebreitet und flach wachsende Einjährige trägt an verzweigten Trieben leicht behaarte graugrüne Blätter, die schmal lanzettförmig und bis zu 2–3 cm lang sind. Den ganzen Sommer über öffnen sich winzige, kreuzförmige Blüten, die in Dolden von 7–8 cm Durchmesser angeordnet sind. Sie sind meist reinweiß, gelegentlich auch zartrosa oder violettrot und verbreiten einen lieblichen Duft. Das Entfernen der welken Blüten begünstigt einen zweiten Flor. Die Vermehrung erfolgt durch Aussaat an Ort und Stelle im späten Frühjahr.

Lupinus luteus
H 75 cm S 30 cm
Sonne
Mäßig feucht
Sauer/neutral Z6

Diese attraktive einjährige Lupine besitzt dicht seidig behaarte mittelgrüne Stängel. An ihnen sitzen breit eiförmige und zur Basis sich verjüngende, spärlich weich behaarte Blätter von blassem bis mittlerem Grün. Im Hochsommer erscheinen in endständigen Trauben leuchtend gelbe Blüten, deren Geruch an Vanille erinnert. Ihnen folgen im Herbst kleine schwarze, behaarte Hülsen, die jeweils durchschnittlich 5 leicht abgeflachte schwarze Samen bergen. Bevor man diese zur Vermehrung im Frühjahr direkt aussät, werden sie 24 Stunden in Wasser eingeweicht.

EIN- & ZWEIJÄHRIGE

Matthiola incana

H 15–75 cm S 23–30 cm
Sonne
Mäßig feucht
Alkalisch/neutral Z6

Man unterscheidet bei den Garten-Levkojen mehrere Gruppen, die meist einjährig kultiviert werden, aber teils mehrjährig sein können. Zu graugrünen Blättern zeigen sie im Sommer viele ungefüllte oder gefüllte, duftende Blüten in aufrechten Trauben; die Farbpalette reicht von Purpur und Violett über Mauve und Rosa bis zu Weiß. Der Handel bietet diverse Saatmischungen, etwa 'Cinderella' (gewürznelkenartiger Duft, gefüllt, Zwergform), 'Legacy' (kräftig duftend, gefüllt, lange Blüte) oder auch 'Ten Week Mixed' (duftintensive, kompakte, raschwüchsige Einjährige). Um die Bestände aufzustocken, sollte man die Samen bereits im Sommer aussäen – so erzielt man eine lange Blüte im Folgejahr – und die Jungpflanzen zum Schutz vor Pilzinfektionen unter Glas überwintern.

Mirabilis jalapa

H 1 m S 1 m
Sonne
Gut durchlässig
Beliebig Z8

Zwar ist die kälteempfindliche, buschige Wunderblume mehrjährig, doch wird sie oft einjährig kultiviert. Ihre breit eiförmigen, gegenständigen mittelgrünen Blätter sitzen an fleischigen Stängeln, die oft in den Achselbereichen eine dunkelrotviolette Zeichnung aufweisen. Die großen trichterförmigen Blüten sind weiß, gelb, magenta- oder reinrot. Sie öffnen sich am Nachmittag und verströmen in den Abendstunden einen besonders intensiven schweren Duft. Am nächsten Morgen sind sie zwar verwelkt, aber bis zum Nachmittag erscheinen an ihrer Stelle wieder neue Blüten. Zur Vermehrung sät man im Spätfrühling die Samen direkt ins Freiland oder man teilt die Pflanzen im Frühjahr.

Nicotiana x sanderae

H 25–60 cm S 30–45 cm
Sonne
Mäßig feucht
Beliebig Z7

Kräftige, vielfach verzweigte Triebe prägen das Erscheinungsbild des Ziertabaks. Je nach vorherrschenden Umgebungsbedingungen wird er ein- oder zweijährig kultiviert, gelegentlich jedoch auch als kurzlebige Staude. Die am Rand gewellten Blätter stehen meist in grundständigen Rosetten. Aus ihnen erscheinen hohe Schäfte mit bis zu 9 cm langen Blüten, die sich zu einem weiten Trichter mit 5 rundlichen Zipfeln öffnen. Sie können weiß, rot, pink oder purpurn, ja selbst limettengrün sein und verbreiten am Abend ihren Duft. Um sich im Sommer an ihnen zu erfreuen, sät man die Samen im Frühjahr in Rabatten oder in Pflanzgefäße. Für die Kübelkultur sind kompakte Sorten wie 'Domino Mixed' ideal.

EIN- & ZWEIJÄHRIGE

Pelargonium
H 15–60 cm S 15–60 cm
Sonne/Halbschatten
Gut durchlässig/mäßig feucht
Beliebig Z10

Pelargonien werden ihrer attraktiven Blüten, aber zum Teil auch ihres aromatischen Laubes wegen gezogen. An dicken, verzweigten Trieben tragen Edelpelargonien behaarte, gesägte Blätter und imposante Blüten in Weiß, Pink, Lachsrosa, Orange, Rot oder Purpur. Kleiner fallen die Blüten bei Duftpelargonien aus, deren fein geschlitztes, gezähntes oder gelapptes Laub nach Zitrone, Minze, Orange, Limette oder Zedern duftet. Zonalpelargonien treiben aus glatten, fleischigen Stielen große, rundliche Blätter und Blüten in Weiß, Orange, Rosa, Rot, Purpur oder Gelb (einfach, halb gefüllt oder gefüllt). Efeuartige Blätter und einfache oder gefüllte Blüten in Weiß, Purpur, Rot, Pink und Mauve sieht man bei Hängepelargonien. Vermehrung aus Kopfstecklingen von nicht blühenden Trieben im Früh- oder Spätsommer.

Petunia
H 30 cm S 30–90 cm
Sonne
Mäßig feucht
Beliebig Z7

Obwohl es sich bei vielen Petunien um krautige Stauden handelt, werden sie aus gärtnerischer Sicht den halb winterharten Einjährigen zugerechnet. Sie gehören zu den beliebtesten Pflanzen für Ampeln, Kübeln und Blumenkästen, denn bereits wenige Monate nach der Aussaat bezaubern sie durch ihren prächtigen Flor. Die Palette der Blütenfarben umspannt Weiß und Cremetöne, Rosa- und Rotschattierungen sowie Blau und Violett, daneben gibt es gestreifte Formen. Vor allem abends geht von den Blüten ein feiner Vanilleduft aus. Die an behaarten grünen Sprossen sitzenden Blätter sind breit eiförmig, mittel- bis dunkelgrün und fühlen sich klebrig an. Durch regelmäßiges Entfernen welker Blüten regt man eine kontinuierliche Neubildung an. Die Vermehrung erfolg durch Aussaat im Frühjahr.

Phacelia tanacetifolia
H 1,2 m S 45 cm
Sonne
Gut durchlässig
Beliebig Z10

Die halb winterharte Einjährige ist im Südwesten der USA und in Mexiko beheimatet. Ihre mittelgrünen Blätter sind etwa 25 cm lang und zweifach gefiedert; die Blättchen sind breit lanzettförmig. Die gesamte Oberfläche der Pflanze ist mit kurzen Härchen bedeckt und kann bei Hautkontakt allergische Reaktionen auslösen. Von Hochsommer bis Herbst öffnen sich in dichten, rundlichen Büscheln über dem Laub glockenförmige blaue oder lavendelfarbene Blüten, deren starker Duft an Heliotrop erinnert. Die Aufzucht dieser Büschelschön-Art erfolgt aus Samen, die man im zeitigen Frühjahr oder Herbst an Ort und Stelle aussät.

EIN- & ZWEIJÄHRIGE

Phlox drummondii
H 10–60 cm S 30 cm
Sonne
Mäßig feucht
Beliebig Z6

Dank seines dekorativen und duftenden Flors ist der winterharte Einjährige Phlox eine beliebte Gartenpflanze. Verschiedenste Purpur-, Rot-, Rosa- und Fliedertöne, aber auch Weiß kommen im Farbspektrum der ungefüllten oder gefüllten Blüten vor. Sie erscheinen von Hoch- bis Spätsommer in dichten, endständigen Büscheln von bis zu 7,5 cm Durchmesser. Die aufrecht wachsende Pflanze trägt an schlanken grünen Trieben schmal lanzett- bis eiförmige, stängelumfassende Blätter von mittlerem bis hellem Grün. Neben Sorten wie 'Double Chanel' (intensives Zartrosa, gefüllt) sind auch bunte Saatmischungen erhältlich, etwa 'Tapestry' (kräftiges Violett, Gelb, Lachs, Pink und Rot). Um die Blühbereitschaft anzuregen, welke Blüten regelmäßig entfernen. Vermehrung durch Aussaat im Frühjahr.

Tropaeolum majus
H 1,5 m S 1,5 m
Sonne
Mäßig feucht
Beliebig Z8

Zu rundlichen hellgrünen, teils weiß gesprenkelten Blättern trägt die kletternde oder hängende winterharte Einjährige den ganzen Sommer und Herbst über trichterförmige, gespornte Blüten von etwa 5 cm Durchmesser. Sie duften zart und zeigen sich in verschiedenen Gelb-, Creme-, Orange- und Rottönen mit einem meist kontrastierenden Auge. Da sie essbar sind, werden sie auch gern als farbenfrohes Extra in Salate gemischt. Zu den zahlreichen erhältlichen Saatmischungen gehören 'Trailing Mixed', 'Out of Africa' (weiß marmoriertes Laub) und 'Gleam Mixed' (nur etwa 40 cm hoch). In Pflanzkübeln und Ampeln sieht die Große Kapuzinerkresse ebenso dekorativ aus wie im vorderen Bereich einer Rabatte. Die Aufzucht erfolgt aus Samen im Frühjahr (nach Ende der Frostperiode auch gleich im Freien).

Verbena bonariensis
H 2 m S 45 cm
Sonne
Mäßig feucht
Beliebig Z9

Obwohl meist einjährig gezogen, kann die horstbildende Staude in mildem Klima oder einem frostfreien Gewächshaus durchaus den Winter überstehen. An hohen, drahtigen, verzweigten Trieben sprießen nicht allzu zahlreich längliche bis lanzettförmige Blätter. Ab Mitte des Sommers öffnen sich bis zum Frühherbst hoch über der Pflanze in flachen Doldentrauben winzige rötlich violette Blüten, die einen zarten Duft verbreiten und bevorzugt von Schmetterlingen besucht werden. Zur Verlängerung der Blüte entfernt man im Spätsommer die welken Blütenstände. Das Patagonische Eisenkraut sät sich selbst aus; gezielt vermehren lässt es sich durch Aussaat im Herbst oder Frühjahr (in kalten Gegenden unter Glas) oder durch Teilung im Frühjahr.

WASSER- & UFERPFLANZEN

Aponogeton distachyos
H 10–15 cm S. 1,2 m
Sonne/Halbschatten
Nass (Wasserpflanze)
Z9

In milden Wintern behält die mäßig wuchsfreudige Wasserstaude ihre schwimmenden Blätter. Sie sind länglich geformt, von mittlerem Grün und rötlich braun gezeichnet. Zwischen Frühjahr und Herbst bildet die Kap-Wasserähre kontinuierlich kleine Blüten. Sie sind in knapp über dem Wasser gegabelten Trauben angeord net und verströmen einen Duft, der an Weißdorn erinnert. Jede kleine weiße Blüte besitzt schwärzlich purpurne Staubblätter und ist von einer weißen Scheide (Spatha) umgeben. Man setzt die Rhizompflanze, die in 30-90 cm tiefem Wasser gedeiht, direkt in den Grund oder hält sie in einem Pflanzkorb. Da die Rhizome fast nicht »klein zu kriegen« sind, teilt man zur Vermehrung während der Wachstumsperiode die Pflanzenbüschel, oder man sät die Samen gleich bei Reife aus.

Iris pseudacorus
H 1 m S 25 cm
Sonne/Halbschatten
Feucht
Beliebig Z5

Diese Iris-Art ist eine echte Wasserschwertlilie, gedeiht aber ebenso in einer gleichmäßig feuchten Rabatte. Es handelt sich um eine extrem winterharte, wuchskräftige sommergrüne Pflanze, die oft stattliche Büschel hoher, schwertförmiger Blätter bildet; sie sind von bläulichem Grün und weisen markante Längsrippen auf. Hohe, aufrechte und verzweigte grüne Stängel, die den Sommer über sprießen, tragen jeweils mindestens 5 strahlend gelbe, duftende Blüten mit feiner schwarzer oder schokoladenbrauner Zeichnung. Bei der Form *I. pseudacorus* 'Variegata' zeigt das Laub gelbe Längsstreifen. Die Vermehrung der Sumpf-Schwertlilie geschieht durch Aussaat zwischen Frühjahr und Frühsommer oder durch Teilung gleich nach der Blüte.

Nymphaea
H 5 cm S 40 cm–3 m
Sonne
Nass (Wasserpflanze)
Z3–10

In ihrer Eleganz werden Seerosen wohl von keiner anderen Wasserpflanze übertroffen. Es gibt kleine Vertreter, die sich schon in einem halben Holzfass wohl fühlen, während andere einen richtigen Teich verlangen. Zu runden dunkelgrünen bis bronzefarben überhauchten schwimmenden Blättern bilden die sommergrünen krautigen Stauden offene, schalen- bis sternförmige Blüten in Weiß oder Gelb-, Orange-, Rosa- und Rottönen. Bei manchen Seerosen besitzen die Blüten einen schönen Duft, etwa bei 'Caroliniana Rosea' (zartrosa), 'Marliacea Albida' (weiß, außen rosig überlaufen) und bei *N.-odorata*-Formen. Sowohl die Blüten als auch die Blätter gehen aus einem dicken Wurzelstock hervor, der im Grund oder in einem Pflanzkorb fest verankert sein muss. Zur Vermehrung wird er im Frühjahr geteilt.

Kapitel fünf

5

DER DUFTGARTEN IM HERBST

DER DUFTGARTEN IM HERBST
DER DUFTGARTEN IM HERBST …

Pflanzen für den Herbst

Manche Pflanzen laufen erst im Herbst zu Hochform auf. Zu ihnen gehört die Macchien-Waldrebe (*Clematis cirrhosa*), die zu blühen beginnt, wenn die Tage kürzer werden. Auch einige Stauden machen nun mit Duft und Farben von sich reden. Andere Pflanzen blühen erst nach dem Laubfall, und einige Immergrüne tragen intensiv duftende Blüten, die zwischen den dicken, ledrigen Blättern kaum zu sehen sind. Zwiebelblüher assoziiert man zwar hauptsächlich mit dem Frühling, doch es gibt auch schöne für den Herbst, die vor allem im Halbschatten unter Bäumen herrliche duftende Teppiche bilden.

Bäume

Ein Baum mit beeindruckender Herbstfärbung in Orange, Rot und sogar Rosa ist der Katsurabaum (*Cercidiphyllum japonicum*). Weil seine Blätter während des Farbwechsels nach erwärmtem Zucker duften, nennt man ihn auch Kuchenbaum. Ein anderer bemerkenswerter Baum ist die Higan-Kirsche (*Prunus subhirtella* 'Autumnalis Rosea'). Sie beginnt bald nach dem Laubfall zu blühen und bildet von Herbst an den ganzen Winter über bis ins Frühjahr duftige Wolken aus winzigen, nach Mandeln duftende Blüten.

Wenn die Blätter fallen, scheint mehr Sonnenlicht durch das Geäst. Dadurch werden kleine Pflanzen wie das Alpenveilchen (*Cyclamen*) angeregt, Blüten zu treiben. Blumeninseln unter Bäumen sehen um diese Zeit besonders hübsch aus; den Sommer über, wenn der Boden schattig und trocken ist, haben diese Pflanzen eine Ruhezeit eingelegt.

Kletterpflanzen und Sträucher vor Mauern

Es gibt eine Reihe interessanter Kletterpflanzen, die im Herbst blühen, darunter die süß duftende *Clematis rehderiana*. Ihr folgt etwas später die großblumige *Clematis flammula* mit einem feinen Weißdorn-Duft. Das Japanische Geißblatt (*Lonicera japonica*) trägt seine nach Zitrone duftenden Blüten bis in den Herbst, und auch der Echte Jasmin (*Jasminum officinale*) bildet bis zum ersten Frost noch neue weiße Blüten mit intensivem Duft.

Ein eindrucksvoller Strauch vor einer Mauer ist die Säckelblume *Ceanothus* 'Gloire de Versailles', deren hellblaue Blüten lieblich duften. In der Nähe eines Fensters gepflanzt, erfüllt der Duft an warmen Tagen das Zimmer. An einer Wand, die die Wärme der Sonne speichert, dauert die Blüte dieser Pflanze etwas länger als an einem offenen Standort.

Sträucher

Manche im Herbst blühenden Duftsträucher haben etwas Geheimnisvolles. Die Ölweide (*Elaeagnus* x *ebbingei*) beispielsweise versteckt ihre kleinen, stark duftenden Blüten so gut zwischen den robusten, ledrigen Blättern, dass nicht das Auge, sondern die Nase auf sie aufmerksam wird. Zu den sommergrünen Sträuchern, die bis in den Herbst blühen, zählt auch der Gewöhnliche Sommerflieder (*Buddleja davidii*), dessen winzige Röhrenblüten Schmetterlinge magisch anziehen. Sein enger Verwandter *B. fallowiana* blüht ebenfalls bis Mitte Herbst.

Bis in den Herbst trägt der Kalifornische Baummohn (Romneya coulteri) *hübsche weiße Blüten mit süßlichem Duft.*

Zwiebel- und Knollenpflanzen

Viele Zwiebel- und Knollengewächse blühen im Herbst. In der heißen Jahreszeit haben sie eine Ruhephase eingelegt, um im Frühherbst Blätter und Blüten zu bilden. Herbst-Alpenveilchen (*Cyclamen hederifolium*) und Echter Safran (*Crocus sativus*) duften mild und kommen als größere Gruppenpflanzungen am besten zur Geltung. Einige der intensiv duftenden Lilien wie *Lilium auratum*, *L. henryi* und *L. speciosum* blühen bis in den Herbst hinein. Manche riecht man schon, ehe man sie sehen kann. Wegen ihres starken Duftes sollte man nicht zu viele von ihnen pflanzen.

Ein- und Zweijährige

Obwohl der Lebenszyklus vieler Pflanzen sich im Herbst dem Ende zuneigt, blühen manche bis zum ersten Frost. Nachtkerze (*Oenothera biennis*), Ziertabak (*Nicotiana sylvestris*) und andere Arten, die von Nachtfaltern bestäubt werden, verströmen ihren Duft erst gegen Abend, wenn das Licht schwächer wird und die Temperatur sinkt. Sobald die Tage kürzer werden, kann man sie an milden Herbstabenden in vollen Zügen genießen.

Stauden

Viele Stauden bringen nach dem Sommerflor im Herbst noch einmal Blüten hervor, die den Garten mit Farben und Düften bereichern. Typische Herbstblüher sind *Gladiolus callianthus* 'Murieliae' und *Romneya coulteri* – beide tragen süßlich duftende weiße Blüten. Einige Phlox-Sorten blühen ebenfalls im Herbst, vor allem *P. maculata* und *P. paniculata* haben hübsche Blüten mit angenehmem Duft.

Stauden, die während der Saison nicht umgepflanzt wurden, blühen oft fortlaufend bis in den Herbst. Erst wenn ihr Laub den ersten starken Frösten zum Opfer fällt, stellen sie die Blüte ein. Dann sterben die oberirdischen Teile ab, und die Pflanze legt eine Ruhezeit ein, um im folgenden Jahr wieder auszutreiben.

Das Wetter und seine Auswirkungen

Das Herbstwetter ist unbeständig. Die Tage können noch warm und sonnig sein, doch die Nächte werden kälter und feuchter. Und auch Wind und Regen nehmen zu. Die einzige Konstante sind die allmählich kürzer werdenden Tage. Die Reduzierung des Tageslichts ist für eine Reihe grundlegender sichtbarer und unsichtbarer Veränderungen im Inneren der Pflanzen verantwortlich. Zum Beispiel verursacht sie den Laubfall, aber auch eine Verhärtung der Zellen zum Schutz vor dem bevorstehenden kalten Wetter. Die sichtbaren Veränderungen können täuschen, denn obwohl die Pflanzen wie tot aussehen, sind sie biologisch oft noch aktiv. Eine echte Ruhephase legen sie erst im tiefen Winter ein.

Gartenarbeiten im Herbst

Wenn milde Tage mit goldenem Licht die Hochsommerhitze ablösen, fällt allerlei Gartenarbeit an. Verblühtes und Vertrocknetes muss abgeschnitten werden, gleichzeitig werden die ersten Vorbereitungen für die nächste Saison getroffen. Der Herbst schlägt die Brücke zwischen dem vergangenen Sommer und dem kommenden Winter. So ist er auch die richtige Zeit, um neue Pflanzungen zu planen und aus den Erfahrungen – guten wie schlechten – des laufenden Jahres zu lernen. Wer gern experimentiert, sollte Saatgutkataloge bestellen und vielleicht Neuheiten ausprobieren, um Haus und Garten durch interessante neue Akzente und Düfte zu bereichern.

Mulchen

Das Ausbringen einer dicken Mulchschicht tut den Pflanzen im Garten gut, vor allem, wenn dafür organisches Material gewählt wird. Der Boden hat Sommerwärme gespeichert und kühlt durch eine starke Isolierschicht langsamer ab. Dadurch verlängert sich zwar nicht die Blüte, doch das Wurzelwachstum kann noch einige Wochen fortgesetzt werden, sodass die Pflanzen im kommenden Jahr früher austreiben. Ideal ist es, den Mulch nach dem herbstlichen Laubfall auszubringen. Das Laub sollte aber vorher beseitigt werden, damit Sporen von Rost und anderen Pilzen nicht darunter überwintern.

Kübel isolieren

Kübelpflanzen brauchen besonderen Winterschutz, weil ihre Wurzeln dem Frost stärker ausgesetzt sind. Eine Verpackung aus Luftblasenfolie oder Gartenvlies erhöht die Überlebenschancen dieser Pflanzen erheblich. Das Material wird nur locker um den Kübel (nicht um die Pflanze!) gewickelt, sodass sich zwischen Gefäß und Verpackung eine isolierende Luftschicht bilden kann.

Kletterhilfen und Stützen überprüfen

Pflanzen mit langen Trieben nehmen in der kalten Jahreszeit oft Schaden. Werden Kletterpflanzen und Sträucher vor Mauern nicht sorgfältig angebunden, sind sie im Herbst und Winter stärker durch heftigen Wind als durch Schädlinge oder Krankheiten gefährdet. Darum sollten Sie im Frühherbst alle Triebe, die Sie erhalten möchten, gut anbinden. Gleichzeitig wird überprüft, ob die Befestigungen der älteren Triebe noch intakt sind oder vielleicht ins Holz einschneiden. Abgenutzte Schnüre werden dabei ersetzt. Wenn das Spalier oder Rankgitter reparaturbedürftig ist, bündeln Sie nach dem Laubfall die langen Triebe locker. Sind die Reparaturen beendet, werden die Triebe wieder ausgebreitet und neu angebunden.

Auch die Stützen für junge Bäume sollten Sie nun kontrollieren und bei Bedarf befestigen, damit das Wurzelwerk bei Sturm nicht aus dem Boden gerissen wird. Baumgurte, die ausgefranst sind oder das Wachstum des Baums in irgendeiner Weise behindern, werden erneuert.

Die Mexikanische Orangenblüte (Choisya ternata) *trägt von Spätsommer bis Herbst weiße Blüten mit Moschusduft. Die verwelkten Blüten werden im Herbst entfernt, um die Blüte des Folgejahres anzuregen.*

Im Herbst werden die Samen von Einjährigen wie dem Flügel-Tabak (Nicotiana alata) *geerntet.*

Welke Blüten entfernen

Die verwelkten Blüten der Gartenblumen werden regelmäßig entfernt. Blüten der Scharlach-Monarde (*Monarda didyma*) und einiger anderer Arten kann man trocknen und für Potpourris verwenden (s. S. 30). Das Ausputzen im Frühherbst bewirkt, dass Pflanzen oft länger blühen – sie werden an der Samenbildung gehindert und unternehmen daher einen neuen Vermehrungsversuch. Das Abschneiden absterbender Stauden im Spätherbst verhindert dagegen Windschäden und lässt die Pflanzen ordentlicher aussehen.

Ernten

Natürlich ist der Herbst auch die Haupterntezeit (s. S. 28 ff.). Duftende Flockenblume (*Amberboa moschata*), Flügel-Tabak (*Nicotiana alata*) und andere Pflanzen haben nun Samen gebildet, die im Folgejahr verwendet werden. Warten Sie, bis die Samenstände kurz vor dem Aufplatzen sind. Dann schneiden Sie die Stiele ab und legen Sie in einem trockenen, kühlen Raum auf große Papierbögen, bis die Samen von alleine herausfallen. Danach die Samen in beschrifteten, luftdicht schließenden Gefäßen an einem kühlen, dunklen Platz aufbewahren. Die frei gewordenen Stellen in den Beeten sollten Sie mit duftenden Winter- und Frühlingsblühern füllen.

Vermehrung & Pflanzung

Manche der im Spätsommer blühenden Pflanzen tragen bis in den Herbst noch Blüten, als wollten sie um jeden Preis Samen bilden, ehe sich kalte Nebel aufs Land legen. Auch wenn das Laub jetzt prachtvoll gefärbt ist und die Luft nach reifem Obst duftet, sollten Sie nicht in staunender Bewunderung verharren, sondern Vorbereitungen treffen, dass der Garten nach dem Winter mindestens genauso prachtvoll wieder erwacht. Jetzt ist es Zeit, Kälteschutz anzubringen und Stecklinge von empfindlichen Arten zu nehmen, damit Nachwuchs zur Hand ist, falls es doch Frostopfer geben sollte. Im Herbst ist der Boden warm genug, dass auch neu gepflanzte Arten noch anwachsen können und so im Frühling rasch austreiben, wenn sich die Erde wieder erwärmt.

Sämlinge

Duftwicken (*Lathyrus odoratus*) werden im Herbst in Töpfe mit Anzuchtsubstrat gesät und im Kalten Kasten überwintert. Im Spätfrühling des Folgejahrs pflanzt man sie dann aus. Besonders intensiv duften hübsche altmodische Sorten wie 'Cupani' und 'Painted Lady'. Auch Samen von Gehölzen sollten Sie um diese Zeit sammeln und aussäen – idealerweise ganz kurz vor der Vollreife der Früchte und Samen. Rosen (*Rosa*) und viele anderen Pflanzen bilden Samen in einer fleischigen Hülle, die vor der Aussaat entfernt werden muss. Dagegen sind die Früchte der Ahorn-Arten *Acer japonicum* und *A. palmatum* trocken, sodass sie direkt nach der Ernte gesät werden können.

Stecklinge

Frostempfindliche Pflanzen und einige winterharte Arten können im Spätherbst durch halbreife Stecklinge vermehrt werden. Von vielen Bäumen und Sträuchern werden um diese Jahreszeit aber auch Steckhölzer zur Vermehrung geschnitten.

Halbreife Stecklinge

Bedingt winterharte Arten wie Echter Salbei (*Salvia officinalis*), Schopflavendel (*Lavandula stoechas*) und Bartfaden (*Penstemon*) eignen sich zur Vermehrung durch halbreife Stecklinge. Darunter versteht man Triebe des laufenden Jahrs, die gerade zu verholzen beginnen. Die Triebspitzen werden in Anzuchtsubstrat gesteckt und im Kalten Kasten oder ungeheizten Gewächshaus bewurzelt. Halten Sie sie nicht zu feucht, da sie sonst faulen. Viele Pflanzen mit aromatischen silbergrauen Blättern stammen aus dem trockenen Mittelmeerraum und vertragen durchaus Kälte, aber nicht in Kombination mit Nässe. Auch winterharte Pflanzen wie Mahonie, Duftblüte und Skimmie werden durch halbreife Stecklinge vermehrt. Sie brauchen allerdings ein feuchtes Milieu, damit sie Wurzeln bilden und nicht vertrocknen.

Steckhölzer

Gehölze wie der Pfeifenstrauch (*Philadelphus*), die Wohlriechende Johannisbeere (*Ribes odoratum*) oder Duftender Schneeball (*Viburnum farreri*) können durch Stecklinge von verholzten, diesjährigen Trieben vermehrt werden. Die ersten Blätter zeigen sich zwar meist erst im Frühling, doch hat sich bis zum Winter ein solides Wurzelwerk gebildet, sodass die Pflanzen nach einem Jahr ins Freiland gesetzt werden können.

Steckhölzer von Gehölzen wie dem Pfeifenstrauch (Philadelphus) *werden im Herbst genommen und nach einem Jahr ausgepflanzt.*

Zwiebel- und Knollenpflanzen

Der Frühherbst ist die ideale Zeit, um die Zwiebeln von Frühlingsblühern zu setzen. Im warmen, feuchten Boden treiben sie binnen weniger Wochen Wurzeln, obwohl sich erst nach Monaten Blätter über der Erde zeigen. Duftende Narzissen wie 'Bunting', 'Cheerfulness', 'Quail', 'Old Pheasant's Eye' und 'Queen Anne's Jonquil' eignen sich gut zum Verwildern und erfreuen bis in den Mai mit Duft und Farbe (s. S. 138–141).

Auch Zwiebeln von Tulpen (*Tulipa*) und Hyazinthen (*Hyacinthus*) sollten im Herbst zum Vortreiben in Töpfe gepflanzt werden, damit sie ab Mitte des Winters bis zum Frühling als Zimmerschmuck duften und blühen (s. S. 62-65). Narzissen und selbst Maiglöckchen (*Convallaria majalis*) eignen sich ebenfalls hierfür.

Bäume und Sträucher

Weil im Herbst der Boden noch warm ist, werden auch Sträucher, Koniferen und Laubbäume in dieser Zeit gepflanzt. Selbst wenn die oberirdischen Teile der Pflanze wie tot aussehen, können sich die Wurzeln noch in Ruhe ausbreiten. So kommen die Pflanzen nicht nur gut über den Winter, sondern gehen im Frühling, wenn sich der Boden erwärmt, direkt ins aktive Wachstum über. Wer Bäume im Herbst pflanzt, sollte sie stützen und fest anbinden, damit sie Winterstürme gut überstehen. Kletterpflanzen und Sträucher vor Mauern werden sorgfältig an ihr Spalier gebunden und stark zurückgeschnitten, damit sich weder Wurzeln lockern noch Zweige beschädigt werden, wenn der Wind an ihnen zerrt.

Auch Koniferen und immergrüne Laubgehölze werden jetzt gepflanzt, da sie im Frühherbst einen Wachstumsschub haben. Sie müssen aber vor starkem Wind geschützt werden, bis sich die Wurzeln etabliert haben. Entzieht der Wind den Blättern zu viel Feuchtigkeit, können sie braun werden.

Wer eine Hecke pflanzen will, sollte ebenfalls im Herbst an die Arbeit gehen (s. S. 144 f.). Eine Hecke ist ein guter Windschutz für empfindliche Pflanzen – sie bricht starke Luftströmungen, während eine Mauer diese umlenkt und Turbulenzen verursachen kann. Bunt gemischte Hecken sehen hinreißend aus und überraschen im Lauf der Jahreszeiten mit immer neuen Farben und Düften.

Mediterranes Beet

Viele Duftpflanzen stammen aus Ländern, in denen es zeitweise sehr heiß und trocken ist. Lavendel (*Lavandula*), Katzenminze (*Nepeta*) und einige andere duften bei Hitze sogar intensiver. Wer im Garten eine sehr warme, trockene Ecke mit leichtem, sandigen, sehr durchlässigem Boden hat, sollte einmal erwägen, dort ein mediterranes Beet mit verschieden duftenden Pflanzen anzulegen.

WAS SIE BRAUCHEN

Werkzeug: Spaten, Messer, Handschaufel, Schubkarre, Grabgabel

Materialien: durchlässige Plastikfolie, Container-Jungpflanzen wie *Artemisia*, *Cistus ladanifer*, *Cordyline australis*, *Lavandula angustifolia* oder *Santolina chamaecyparissus*, Kiesel oder Schieferbruch als Mulch

An warmen, sonnigen Standorten ist es sinnvoll, ein Mulchmaterial zu verwenden, das die Wasserverdunstung des Bodens reduziert und zugleich Unkräuter unterdrückt, indem es verhindert, dass Licht an den Boden gelangt. Splitt und Kiesel verschiedener Körnung sind hierfür beliebt, weil sie den Garten pflegeleicht gestalten. Sehr schön sieht auch Schieferbruch aus, dessen Blau- oder Grautöne reizvoll mit den Laubfarben der Pflanzen kontrastieren. Bevor die Mulchschicht verteilt wird, deckt man den Boden mit einer wasserdurchlässigen schwarzen Folie ab. Sie begrenzt nicht nur die Wasserverdunstung und den Wuchs von Unkraut, sondern macht auch weniger Mulch erforderlich.

Für ein mediterranes Beet eignen sich nur Pflanzen, die trockene Hitze gut vertragen, denn auch die von den Steinen reflektierte Wärme erzeugt ein heißes Mikroklima. Ideal sind solche, deren Laub gleißender Sonne standhält. Dazu gehören vor allem Pflanzen mit silbrigen oder grauen Blättern sowie Arten mit fein behaartem Laub oder langen, riemenartig schmalen Blättern.

Tipp: Damit kleine Pflanzen nicht vom Mulch erstickt werden, stülpen Sie vor dem Verteilen des Materials Blumentöpfe über sie. Das ist einfacher, als nachher einzelne Steine aus den Blättern zu picken.

Entfernen Sie zuerst alle Unkräuter und ebnen Sie das Beet ein. Dann feste, durchlässige schwarze Gartenfolie darauf ausbreiten. Die Ränder 15 cm tief in die Erde eingraben, dabei die Folie möglichst straff ziehen.

Treten Sie nun den Boden an den Rändern der eingegrabenen Folie sorgfältig mit der Ferse fest.

Wo Pflanzen eingesetzt werden sollen, schneiden Sie die Folie mit einem scharfen Messer kreuzweise ein und klappen die so entstehenden Zipfel zurück.

Für den Wurzelballen der jeweiligen Pflanze gräbt man nun mit der Handschaufel ein Pflanzloch in passender Größe.

Die Pflanze am Wurzelballen fassen und durch die Einschnitte in der Folie in das Loch setzen. Die lose Erde mit der Schaufel oder den Händen auf dem Wurzelballen verteilen und andrücken.

Folienzipfel wieder zuklappen, Mulchmaterial auf die Folie schütten und vorsichtig um die Pflanzen herum verteilen. Die Folie soll ganz mit Mulchmaterial abgedeckt sein.

Duftender Grassessel

Wer liebt es nicht, im Garten zu sitzen oder sich auf dem Rasen zu sonnen? Grundstücke mit Gefälle und Stufen bieten oft natürliche Sitzgelegenheiten. Ist der Garten aber eben, dann bauen Sie sich doch einfach einen Grassessel. Und setzt man wohlriechende Gewächse zwischen das Gras, kann man nicht nur das weiche Sitzgefühl, sondern auch den Duft genießen. Doch bevor Sie Platz nehmen, achten Sie darauf, ob Bienen die Duftpflanzen besuchen!

WAS SIE BRAUCHEN

Werkzeug: Bambusstäbe, Schnur, Harke, Spaten, Brett, großes Messer

Materialien: Bausatz aus Pappe (erhältlich in einigen Gartencentern oder im Versandhandel), Ziegelsteine oder Schotter, gute Pflanzerde, Rasensamen oder Rollrasen, Duftpflanzen wie *Tanacetum vulgare, Tanacetum parthenium, Chamaemelum nobile* und *Mentha* x *piperita* 'Citrata'

Anstelle von Gras könnten Sie den Sessel auch mit Kräutern oder anderen niedrigen Pflanzen begrünen, die allerdings weniger robust sind und mehr Saft enthalten – also beim Hinsetzen Flecken auf der Kleidung verursachen können. Um praktische Nutzbarkeit und Duft in Einklang zu bringen, sollte der Sessel weitgehend mit Gras bewachsen sein. Kräuter finden ihren Platz in wenig strapazierten Bereichen, wo sie die Kleidung nicht verfärben und ihren Duft freisetzen, wenn man sie streift. Wählen Sie schnittverträgliche Kräuter, die ähnlich schnell wachsen wie das Gras.

Kräuter wie Römische Kamille (*Chamaemelum nobile*), Bergamot-Minze (*Mentha* x *piperita* 'Citrata') und Thymian (*Thymus vulgaris*) verströmen ätherische Öle, die außerordentlich entspannend wirken. Andere Kräuter, darunter Mutterkraut (*Tanacetum parthenium*), Poleiminze (*Mentha pulegium*) and Rainfarn (*Tanacetum vulgare*) vertreiben auf natürliche Weise beißende und stechende Insekten, die an warmen Sommerabenden zur Plage werden können.

Tipp: Denken Sie daran, dass sich die Erde des Sessels mit der Zeit setzt. Kalkulieren Sie dies beim Füllen des Bausatzes ein und legen Sie die Sitzfläche deshalb etwas höher an.

Markieren Sie mit zwei Bambusstöcken und einem Stück Schnur einen Kreis von 1,5 m Durchmesser als Basis für den Sessel. Den Boden einebnen, glatt harken und kräftig festtreten.

Die Teile des Bausatzes nach Herstelleranweisung zusammenstecken. Die Verbindungen müssen fest und sicher sein, damit der Sessel stabil bleibt.

Die Leerräume zu etwa zwei Dritteln Höhe mit Ziegelsteinen oder Schotter füllen. Dieses Füllmaterial verbessert die Drainage und sorgt dafür, dass der Sessel seine Stabilität behält, wenn die Pappe verrottet.

Das letzte Drittel der Leerräume füllen Sie mit guter Pflanzerde auf, die mit einem Brett festgedrückt wird. Wenn die Erde leicht feucht ist, verdichtet sie sich besser.

Die Sitzfläche mit Rollrasen bedecken, dabei die Stücke so zuschneiden, dass sie einander nicht überlappen. Alternativ Rasensamen auf den Sessel streuen, andrücken und keimen lassen.

Zum Schluss setzen Sie in die Armlehnen Duftpflanzen. Wählen Sie Arten, die etwa so schnell wachsen wie das Gras und regelmäßiges Schneiden nicht übel nehmen.

Blüten ernten & trocknen

Blumen sollen zwar vor allem den Garten schmücken, doch viele lassen sich gut trocknen und in der kalten Jahreszeit für schöne Dekorationen im Haus verwenden. Manche Blüten kann man so konservieren, dass ihre natürliche Farbe und der Duft erhalten bleiben. Hier wird gezeigt, wie man Lavendel trocknet, damit er noch Monate nach der Ernte seinen beruhigenden Duft verbreitet.

WAS SIE BRAUCHEN

Werkzeug: Gartenschere, Gummiband, Nägel oder Haken

Materialien: Echter Lavendel (*Lavandula angustifolia*)

Die Blüten von Zierlauch (*Allium*) und einigen anderen Arten können zwar an der Pflanze trocknen, doch lassen sich dabei Schäden durch schlechtes Wetter nicht vermeiden. Besser ist es, die Blüten zu ernten, wenn sie in Bestform sind, und kontrolliert zu trocknen. Im Idealfall schneidet man die Stiele an einem trockenen Tag, noch bevor die Blüten voll aufgeblüht sind. Verschieben Sie die Ernte, wenn die Luft sehr feucht ist oder noch Morgentau auf den Pflanzen liegt, sonst droht Fäulnis oder Schimmelbildung.

Fast alle Blüten lassen sich lufttrocknen, doch die Ergebnisse sind unterschiedlich, und bei einigen dauert die Trocknung zudem sehr lange. Am besten bündelt man die Blütenstiele zu kleinen Sträußen, bindet diese an den Enden fest zusammengebunden und hängt sie kopfüber an einen trockenen, gut belüfteten Platz. Direktes Sonnenlicht ist ungünstig, weil es die Blüten ausbleicht. Nach der Trocknung werden die Sträuße geöffnet, um unansehnlich gewordene Blüten auszusortieren. Danach können sie zu größeren Sträußen zusammengebunden und an einem kühlen, trockenen Platz, etwa einer Garage oder einem Schuppen, bis zur Verarbeitung kopfüber hängend aufbewahrt werden.

Tipp: Manche Lavendel-Arten werfen beim Trocknen die Blüten ab. Um sie aufzufangen, stülpen Sie Papiertüten über die Sträuße, bevor Sie diese aufhängen.

Lavendel kann geschnitten werden, wenn die Blüten zu drei Vierteln geöffnet sind – während der Trocknung öffnen sie sich dann vollständig.

Ernten Sie an einem warmen, sonnigen Tag, wenn die Pflanzen, vor allem die Blüten, trocken sind (das verhindert Schimmelbildung). Benutzen Sie eine scharfe Schere, damit die Stiele nicht gequetscht werden.

Die Blütenstiele auf einer sauberen Arbeitsfläche ausbreiten. Die Blätter abstreifen und gequetschte oder abgeknickte Stiele aussortieren.

Stiele nach Dicke und Länge sortieren und je 15–20 mit einem Gummiband zusammenbinden. Verwenden Sie keine Schnur – sie würde zu locker werden, wenn die Stiele schrumpfen.

Die Sträuße kopfüber an einem trockenen, kühlen, dunklen Platz mit guter Belüftung aufhängen. Je nach Luftfeuchtigkeit und Dicke der Stiele dauert die Trocknung 2–4 Wochen.

Ist der Lavendel völlig getrocknet, werden alle unansehnlichen Stiele aussortiert und dicke Sträuße zu jeweils 80–100 Stielen gebunden.

Zwiebelpflanzen verwildern

In freier Natur wachsen Zwiebelblumen selten einzeln, sondern bilden meist Gruppen oder größere Teppiche. Warum also sollte man sie im Garten in akkurat ausgerichteten Reihen pflanzen? Eine Gruppe in einem Beet oder ein Blütenteppich unter einem Baum ist ein schöner Blickfang und sieht viel natürlicher aus. Zudem kommt bei einer größeren Pflanzung der Duft besser zur Geltung. Weil sich die Zwiebeln vermehren, müssen sie gelegentlich aufgenommen und geteilt werden. Dazu gräbt man nach der Blüte, wenn das Laub einzuziehen beginnt, die ganze Gruppe aus und pflanzt die Teilstücke wieder ein.

Blütenteppiche

Teppiche aus Zwiebelblumen kann man überall dort pflanzen, wo genug Platz ist. Besonders schön sehen sie unter Laubbäumen aus, weil sie blühen, wenn die Bäume kein Laub tragen. Durch das kahle Geäst dringt genug Licht für die Blütenbildung zum Boden. Wenn der Baum belaubt und der Boden zu seinen Füßen schattig und trocken ist, legen die Zwiebelpflanzen eine Ruhezeit ein.

Wählen Sie eine zum Standort passende Zwiebelpflanze. Bei reichlich Platz sehen großblumige wie Narzissen, die in einem kleinen Garten zu aufdringlich wirken könnten, wunderschön aus. Kleine Blüten wie etwa von Krokussen fallen dagegen in einem großen Garten kaum auf und eignen sich besser für ein kleines Grundstück.

Gruppen verwilderter Narzissen sehen hinreißend aus, zudem kommt der Duft mehrerer Pflanzen besser zur Geltung.

Verwildern im Rasen

Zwiebeln für eine Rasenfläche müssen ebenfalls mit Bedacht ausgesucht werden. Winzige Zwiebeln haben vielleicht nicht die Kraft, sich durch das Geflecht der Graswurzeln eines Strapazierrasens nach oben zu kämpfen, während bei größeren Sorten die Chancen besser stehen. Kleine Zwiebeln eignen sich besser für feine Rasenmischungen, die ein weniger dichtes Wurzelgeflecht bilden.

Verwildern in Beeten

Auch in Beeten kann man Zwiebelgewächse verwildern lassen, damit sie mit Farbe und Duft auf sich aufmerksam machen, wenn andere Pflanzen unscheinbar sind. Frühlingsblüher wie Narzissen blühen, wenn Sträucher noch kein Laub tragen und Stauden noch nicht ausgetrieben haben. Sommerblüher wie Zierlauch (*Allium*) ergänzen andere Pflanzen, indem sie etwa zwischen niedrigeren Arten einen aufrechten Akzent setzen. Herbstblüher wie Zeitlose (*Colchicum*), Herbst-Alpenveilchen (*Cyclamen hederifolium*) und Dalmatiner Krokus (*Crocus tommasinianus*) ruhen in den heißen, trockenen Monaten, wenn die Nachbarpflanzen Schatten werfen, und bilden Blüten, sobald nach dem Laubfall mehr Licht an den Boden gelangt.

Düngen

Welke Blüten sollten sofort entfernt werden, damit die Pflanzen keine Samen ansetzen. Nach der Blüte bringt man Kaliumsulfat (30 g/m^2) aus, um die Nährstoffreserven, die die Zwiebeln zur Blütenbildung verbraucht haben, aufzustocken. Die Zwiebeln werden auch weiterhin von Blättern und Stielen mit Nährstoffen versorgt, bis diese schließlich völlig einziehen. Düngt man Zwiebelpflanzen bevor die Blüten welken, werden die Blütenstiele weich und fallen leicht um.

Der Samenstand des Sternkugel-Lauchs (Allium christophii) *riecht nach Zwiebeln – hier wächst er mit Fenchel* (Foeniculum vulgare).

Nach der Blüte

Das Laub von Zwiebelpflanzen sollte man nach der Blüte natürlich abwelken lassen. In dieser Zeit, etwa 6-8 Wochen, entzieht die Zwiebel den grünen Pflanzenteilen Nährstoffe, die sie zur Blütenbildung im folgenden Jahr benötigt. Schneidet man das Laub zu früh ab, kann die Blüte schwächer ausfallen oder ganz ausbleiben.

Wer Zwiebeln in den Rasen gesetzt hat, muss mit dem Mähen warten, bis das Laub der Zwiebelblumen braun geworden ist. Diesen Aspekt sollte man beim Pflanzen von Zwiebeln mit bedenken, denn nicht überall kann man auf das Mähen verzichten, etwa bei einem edlen Zierrasen. Sind die Blätter braun, können sie abgeschnitten oder einfach mit dem Gras gemäht werden.

Blumenzwiebeln pflanzen

Knollen und Zwiebeln duftender Frühlingsblüher werden von Mitte bis Ende Herbst gesetzt. Pflanzung und Pflege sind zwar unkompliziert, trotzdem ist es nicht damit getan, ein Loch zu graben und eine Zwiebel hineinzuwerfen. Etwas Sorgfalt im Detail kann für den Blüherfolg entscheidend sein.

WAS SIE BRAUCHEN
Werkzeug: Zwiebelpflanzer
Materialien: Blumenzwiebeln

In den meisten Gärten findet man vor allem einheimische Zwiebelblüher. Einige Zwiebeln stammen aber auch aus fernen Regionen wie Südafrika, Südamerika, dem Mittelmeerraum oder dem Mittleren Osten und brauchen deshalb besondere Bedingungen, damit sie blühen und gedeihen. Zunächst gilt es, für den jeweiligen Standort die passende Pflanze zu wählen. Die meisten Zwiebelblüher, darunter Atlantisches Hasenglöckchen (*Hyacinthoides non-scripta*) und Schneeglöckchen (*Galanthus*), schätzen den gesprenkelten Schatten unter Laubbäumen. Sie legen eine Ruhephase ein, wenn die Bäume belaubt sind, und treiben Blätter und Blüten, wenn das Laub gefallen ist und mehr Licht an den Boden gelangt. Zwiebelblüher vertragen fast alle Bodentypen, nur bei Staunässe im Winter neigen sie zum Faulen.

Eine einheitliche Pflanztiefe ist für die gleichmäßige Blütenhöhe wichtig, wie sie vor allem bei Gruppenpflanzungen wünschenswert ist. Je nach Pflanzenart liegt die ideale Tiefe zwischen 1–25 cm. Es ist ratsam, zum Ausheben des Pflanzloches ein Spezialwerkzeug zu verwenden. Allerdings gibt es keines, das sich für alle Zwiebelblüher eignet, da deren Pflanztiefe zu unterschiedlich ist.

Tipp: Das Laub von Zwiebeln, die im Rasen verwildert sind, sollte frühestens 6 Wochen nach der Blüte gemäht werden. Arrangiert man die Zwiebelpflanzen jedoch in größeren Gruppen, lassen sie sich beim Mähen leichter aussparen.

Werfen Sie eine Hand voll Blumenzwiebeln auf die vorgesehene Fläche, um – vor allem auf Rasen – eine natürliche Verteilung zu erhalten. Die Zwiebeln dort einpflanzen, wo sie gelandet sind.

Den Hohlpflanzer mit einer drehenden Bewegung in den Boden drücken und ebenfalls drehend wieder herausziehen; das ist einfacher, als wenn man ihn senkrecht benutzt. Beim Herausziehen einen Keil Erdreich mit entfernen.

Für leichte Böden genügt ein Handwerkzeug (s. Abb. zu Schritt 2). Für harte oder schwere Böden ist ein stabiler Zwiebelpflanzer mit Stiel und einer Querstrebe, auf die man mit dem Fuß tritt, bequemer.

Legen Sie die Zwiebel aufrecht ins Pflanzloch, aber drücken Sie sie nicht zu fest an, denn sonst wird die Zwiebel aus der Erde geschoben, wenn sich unter ihr Wurzeln bilden.

Den ausgehobenen Erdkegel zerkleinern und so viel lockere Erde ins Pflanzloch geben, dass die Zwiebel gerade bedeckt ist.

Zum Schluss setzen Sie das obere Stück des Erdkegels im Ganzen ins Loch und treten es vorsichtig fest.

Duftende Hecken

Hecken erfüllen im Garten verschiedene Funktionen: Sie markieren die Grundstücksgrenze, gliedern den Garten in Bereiche und sorgen für Wind- oder Sichtschutz. Containerpflanzen wie etwa Lavendel (*Lavandula*) sollten im Herbst oder Frühling in die Erde gesetzt werden. Im Herbst ist der Boden noch warm genug, sodass sich die Wurzeln entwickeln können, ehe das Wachstum im Winter zum Erliegen kommt. Im Frühling beginnt sich der Boden wieder zu erwärmen und die Pflanzen bilden rasch neue Wurzeln. Wurzelnackte Pflanzen wie Liguster (*Ligustrum*) werden vom Spätherbst bis zum Frühling angeboten und können gepflanzt werden, wann immer das Wetter es erlaubt.

Grenzmarkierung

Hecken eignen sich gut als Markierung der Grundstücksgrenze und wirken oft freundlicher als eine massive Mauer oder ein Zaun. Welche Einfriedung möglich ist, hängt auch vom Stil des Grundstücks und seiner Lage ab. Nach eventuellen Vorschriften und Beschränkungen sollten Sie sich beim Ordnungsamt erkundigen. Bei zu niedrigen Mauern, kann man durch eine Hecke zusätzlichen Sichtschutz in der gewünschten Höhe herstellen.

Sichtschutz

Wenn der ganze Garten oder ein Teilbereich leicht einsehbar ist, bietet eine Hecke einen ansprechenderen Sichtschutz als eine feste Barriere. Eine niedrige, duftende Hecke um den Essbereich etwa kann schon genügen, um für Privatsphäre zu sorgen. Hecken eignen sich auch hervorragend, weniger attraktive, aber notwendige Gartenbereiche zu verstecken – etwa Mülltonnen und Komposthaufen.

Windschutz

Ist Ihr Garten starkem Wind ausgesetzt, gedeihen Pflanzen schlecht. Selbst schwächerer Wind kann Blätter austrocknen oder Wachstumsstörungen verursachen. Obendrein ist in einem windgeschützten Garten der Duft der Pflanzen viel besser wahrzunehmen. Mauern und andere feste Barrieren sind nicht die beste Lösung, weil sie den Wind nach oben lenken, sodass hinter ihnen »Fallwinde« und Windwirbel entstehen. Hecken hingegen brechen den Wind und lassen eine geringe Luftströmung durch, sodass solche Turbulenzen vermieden werden.

Gliederung

Niedrige und mittelhohe Hecken eignen sich, um den Garten in Bereiche zu gliedern, Wege zu säumen und Besucher durch den Garten zu leiten. Ist ein Garten groß genug, kann man ihn mit Hecken sogar in verschieden gestaltete »Räume« unterteilen.

Wuchs und Stil

Schon bei der Planung einer Hecke muss entschieden werden, ob sie formal oder zwanglos wirken soll – dabei ist der Stil des Gartens maßgebend. Diese Festlegung beeinflusst die Wahl der Pflanzen, denn je nach Wuchs benötigen Heckensträucher einen unterschiedlichen Schnitt: Buchsbaum (*Buxus sempervirens*) ist dicht verzweigt und lässt sich in geometrische Formen schneiden, während Lavendel (*Lavandula*) einen Rückschnitt bis ins Holz übel nimmt und sich deshalb eher für lockere Hecken eignet.

Diese unkonventionelle Hecke, in der sich Formschnittsträucher und Duftpflanzen abwechseln, hat für Augen und Nase etwas zu bieten.

Lavendel (Lavandula) *eignet sich wegen seines buschigen Wuchses gut für duftende Hecken in einem zwanglosen Garten.*

Schnitt

Wer eine Hecke wegen ihres duftenden Laubs anlegt, kann sie regelmäßig schneiden, um Form und Größe zu regulieren, ohne dass dadurch der Duft geschmälert wird. Bei blühenden Hecken muss der Schnitt jedoch zur richtigen Zeit erfolgen, sonst riskiert man, dass die Blüte schwach ausfällt oder sogar aussetzt. Die Zierquitte (*Chaenomeles*) blüht zeitig im Frühjahr und trägt im Herbst duftende Früchte. Solche Pflanzen schneidet man am besten direkt nach der Blüte, damit sie noch weitere Blütentriebe bilden kann. Dabei muss man zwar den Verlust einiger Früchte in Kauf nehmen, doch so erhält man mit der Zeit kompakt wachsende, dichte Pflanzen, die gut blühen und viele Früchte tragen.

Eine Dufthecke pflanzen

Eine Hecke sorgt nicht nur für Sicht- und Windschutz. Sie bietet Vögeln und anderen Tieren Lebensraum und bildet einen natürlichen Hintergrund für viele Gartenpflanzen. Koniferen mit aromatischen Nadeln eignen sich gut für Hecken – vor allem bei warmem Wetter und beim Schnitt duften sie wunderbar intensiv.

WAS SIE BRAUCHEN

Werkzeug: Schnur, Holzlatte, Spaten, Schubkarre

Materialien: Koniferen-Jungpflanzen, organischer Mulch

Immergrüne Koniferen ergeben rund ums Jahr schützende Hecken und eignen sich besonders dort gut, wo eine Mauer oder ein Zaun nicht infrage kommt. Wie der Riesenlebensbaum *Thuja plicata* 'Zebrina' besitzen manche einen süßlich würzigen Duft und eine interessante, grün-goldene Färbung. Andere, beispielsweise der Abendländische Lebensbaum (*Thuja occidentalis*), verbreiten einen harzigen Duft, der an Ananas erinnert.

Der ideale Zeitpunkt zum Pflanzen hängt von den gewählten Arten ab: Sommergrüne Pflanzen werden preiswert wurzelnackt angeboten und zwischen Spätherbst und zeitigem Frühling gepflanzt. Immergrüne Laubgehölze und Koniferen, die meist im Container verkauft werden, pflanzt man am besten im Frühherbst oder im Spätfrühling.

Eine Hecke ist eine langlebige Pflanzung, für die der Boden gut vorbereitet werden muss. In den ersten Jahren brauchen die Pflanzen einen regelmäßigen Schnitt, damit sie sich im unteren Bereich gut verzweigen und die Hecke dicht wird.

Tipp: Koniferenhecken sehen besonders schön aus, wenn man sie gleichmäßig stutzt und auf einheitlicher Höhe hält. Hecken sollten einmal jährlich geschnitten werden. Bei besonders wüchsigen Pflanzen sind eventuell 2–3 Schnitte im Jahr nötig.

Markieren Sie zuerst mit einer Schnur den Verlauf der Hecke. Auf einer Holzlatte zeichnen Sie dann die gewünschten Pflanzabstände an; sie wird später auf den Boden gelegt und hilft, die Abstände beim Pflanzen einzuhalten.

2

Mit einem Spaten wird nun das Pflanzloch für die erste Pflanze ausgehoben. Füllen Sie die Erde in eine Schubkarre und bringen Sie sie an das Ende der Hecke; mit ihr wird das letzte Pflanzloch aufgefüllt.

Die erste Pflanze aus dem Topf nehmen und ins Pflanzloch setzen. Dabei auf die richtige Höhe des Wurzelballens achten.

Heben Sie das Loch für die zweite Pflanze aus und füllen Sie mit dieser Erde das erste Pflanzloch. Die Erde rund um die Wurzeln gut andrücken.

Falls nötig, kann man jetzt die Höhe des Wurzelballens korrigieren. Dann wird die Erde rings um die Pflanze festgetreten. Die Schritte 3, 4 und 5 wiederholen, bis alle Heckenpflanzen gesetzt sind.

Zum Schluss Schnur entfernen und die Erde um die Pflanzen mit einer dicken Schicht Mulch oder gut verrottetem Kompost bedecken, um Unkräuter zu unterdrücken und die Verdunstung von Bodenfeuchtigkeit zu reduzieren.

PFLANZENVERZEICHNIS

HERBST

BÄUME

Schlüssel zu den Kurzinformationen

H: Durchschnittliche Höhe der Pflanze.

S: Durchschnittliche Breite der Pflanze.

Sonne/Halbschatten/Schatten: Idealer Standort der Pflanze.

Gut durchlässig/mäßig feucht/ feucht: Grad der Bodenfeuchtigkeit, den die Pflanze benötigt.

Sauer/alkalisch/neutral/beliebig: Von der Pflanze bevorzugtes Bodenmilieu.

Z1 bis Z10: Härtezonen – niedrigster Temperaturbereich (Zone), den die Pflanze im Winter übersteht.

Zone 1: unter –46 °C
Zone 2: –46 bis –40 °C
Zone 3: –40 bis –34 °C
Zone 4: –34 bis –29 °C
Zone 5: –29 bis –23 °C
Zone 6: –23 bis –18 °C
Zone 7: –18 bis –12 °C
Zone 8: –12 bis –7 °C
Zone 9: –7 bis –1 °C
Zone 10: –1 bis 4 °C

Die Zonen geben nur Anhaltspunkte. Die Winterhärte hängt neben der Temperatur auch von Pflanztiefe, Wassergehalt bei Frosteinbruch, Windstärke, Dauer der Kaltwetterperiode sowie Länge und Temperaturen des vorangegangenen Sommers ab.

Arbutus unedo
H 8 m S 8 m
Sonne
Mäßig feucht
Sauer/neutral Z7

Der Westliche Erdbeerbaum ist ein langsam wachsender, immergrüner Baum oder Strauch mit elliptisch länglichen Blättern und abschilfernder dunkelbrauner Borke, unter der die junge hellgrüne Rinde sichtbar wird. Im Herbst erscheinen an den Triebspitzen lange, hängende Rispen mit becherförmigen weißen Blüten, die nach Honig duften. Aus ihnen entwickeln sich orangerote Früchte, die bis zur Reife ein Jahr brauchen. *A. unedo* var. *rubra* trägt dunkelrosa Blüten. Vermehrung durch halbreife Stecklinge im Spätsommer, die über Winter im Kalten Kasten bewurzeln.

Magnolia grandiflora
H 10 m S 5 m
Sonne
Mäßig feucht
Sauer/neutral Z6

Die Immergrüne Magnolie ist ein zierlicher Baum mit immergrünen Blättern von bis zu 20 cm Länge, deren Unterseiten einen filzigen rotbraunen Flaum tragen. Vom Hochsommer bis in den Herbst erscheinen an den Triebspitzen becherförmige cremegelbe Blüten aus 9–12 Petalen mit bis zu 25 cm Durchmesser; die der Sorte 'Exmouth' duften intensiv. Ein Rückschnitt sollte nur vorgenommen werden, wenn er für die Form und Gesundheit der Pflanze notwendig ist. Die Vermehrung ist durch halbreife Stecklinge im Sommer oder Absenker im Herbst möglich; Absenker können 1–2 Jahre später von der Mutterpflanze getrennt werden.

BÄUME

Parrotia persica
H 8 m S 10 m
Sonne/Halbschatten
Gut durchlässig
Sauer Z5

Die zierliche sommergrüne Parrotie ist mit der Zaubernuss verwandt. Sie ist relativ breitwüchsig und wird vor allem wegen ihrer Herbstfärbung geschätzt. Die ovalen Blätter mit stärker gerundeter Basis und welligem Rand sind im Frühling und Sommer mittelgrün und färben sich im Herbst karminrot und goldgelb. Vom Spätwinter bis zum Vorfrühling erscheinen noch vor den Blättern kleine karminrote Blüten mit zartem Duft. Die Borke älterer Pflanzen schilfert im Winter ab und lässt dabei interessante Muster entstehen. Die Sorte 'Pendula' bringt einen Baum mit hängendem Wuchs hervor. Vermehrung erfolgt durch Weichholzstecklinge im Sommer oder durch Aussaat im Herbst.

Plumeria rubra
H 7 m S 5 m
Sonne
Mäßig feucht
Beliebig Z10

Der Frangipani ist ein kleiner sommergrüner Baum mit aufrechtem Wuchs und relativ wenigen, aber dicken Zweigen. Da der Baum nicht winterhart ist, sollte er in einem Pflanzgefäß gehalten werden und die kalte Jahreszeit im Wintergarten verbringen. Im Kübel lässt sich auch seine Größe besser beschränken. Die alternierenden mittelgrünen Blätter haben eine lanzettliche Form. Im Sommer und Herbst erscheinen intensiv nach Jasmin duftende Blüten von bis zu 10 cm Durchmesser in Gelb, Rot oder Bronzefarben. Stets zeigen sie eine gelbe Mitte. Im Frühling kann man die Pflanze durch Samen, die bei etwa 18 °C keimen, vermehren.

***Prunus subhirtella* 'Autumnalis Rosea'**
H 8 m S 8 m
Sonne
Mäßig feucht
Beliebig Z6

Diese Sorte der sommergrünen Higan-Kirsche hat einen offenen, ausladenden Wuchs und ovale dunkelgrüne Blätter mit stark gezähntem Rand, die im Frühling violett überhaucht sind und im Herbst einen matten Goldton annehmen. Der bemerkenswerte Baum bildet von Herbst bis Frühling fast fortlaufend gefüllte zartrosa Blüten, die einen schwachen Mandelduft verströmen. Der Baum ist zwar selten vollständig mit Blüten bedeckt, doch dies wird durch die lange Blühperiode ausgeglichen. Vermehrung durch Okulation im Sommer oder durch Pfropfen im Winter.

STRÄUCHER

Abelia* x *grandiflora
H 3 m S 4 m
Sonne
Mäßig feucht
Beliebig Z5

Die Großblütige Abelie ist eine Hybride und besitzt dünne, etwas sparrige Zweige, die dem Strauch eine offene, ausladende Form verleihen. Die ovalen, glänzenden Blätter sind halb immergrün. Von Spätsommer bis Spätherbst erscheinen an den Triebspitzen lockere Rispen mit hübschen trichterförmigen Blüten. Die schwach duftenden Blüten öffnen sich rosa und verblassen dann zu Weiß. Für kleine Gärten empfiehlt sich die weniger wüchsige *A.* x *grandiflora* 'Francis Mason'. In sehr kalten Wintern braucht der Strauch einen geschützten Platz. Zur Vermehrung nimmt man von den Triebspitzen im Sommer 10 cm lange Stecklinge, die im Kalten Kasten bewurzeln.

Buddleja davidii
H 3 m S 5 m
Sonne
Mäßig feucht
Beliebig Z5

Der Gewöhnliche Sommerflieder bildet mit seinen langen, gebogenen Zweigen eine offene, ausladende Form. Er ist auch als Schmetterlingsstrauch bekannt, weil er Falter magisch anzieht. Die lanzettlichen graugrünen Blätter sind bis zu 25 cm lang und im Austrieb mit einem zarten Flaum bedeckt. Von Spätsommer bis Spätherbst erscheinen an den Triebspitzen bis zu 30 cm lange duftende Blütenrispen in Violett, Violettrot, Rosa oder Weiß, denen später kürzere Blütenstände an den Seitentrieben folgen. Es gibt eine Reihe ausgezeichneter Sorten, darunter 'Black Knight' (schwarzviolett) und 'Peace' (weiß). Vermehrung durch Steckhölzer unbelaubter Triebe im Winter.

***Buddleja* x *weyeriana* 'Sonnegold'**
H 4 m S 3 m
Sonne
Mäßig feucht
Beliebig Z6

Der sommergrüne Strauch mit dem offenen, ausladenden Wuchs ist eine Kreuzung aus *B. davidii* und *B. globosa*. An den überhängenden bräunlichen Trieben stehen paarweise lanzettliche silbrig grüne Blätter, die im Austrieb einen dichten grauen Flaum tragen. An den Triebspitzen erscheinen 30 cm lange Blütenstände aus zahllosen winzigen, duftenden Blüten mit orangefarbener Mitte. Sie öffnen sich goldgelb und verblassen zu einem gelblichen Rosa. Die Vermehrung erfolgt durch halbreife Stecklinge, die im Sommer von den Seitentrieben genommen werden.

STRÄUCHER

Choisya ternata
H 1,5 m S 1,5 m
Sonne
Mäßig feucht
Beliebig Z7

Die Mexikanische Orangenblume ist ein kompakter immergrüner Strauch mit aromatischen, gefingerten, glänzenden Blättern, die an verholzenden grünen Trieben sitzen. Im Spätfrühling und von Spätsommer bis Herbst erscheinen Trugdolden aus kleinen weißen Sternblüten mit Moschusduft. 'Sundance' blüht selten, hat aber goldgelbes Laub (leider verbrennt es in der Sonne leicht und im Halbschatten färbt es sich oft hellgrün). 'Aztec Pearl' ist eine kompakte Form mit langen, schmalen dunkelgrünen Blättern und rosa überhauchten weißen Blüten. Der Strauch gedeiht in jedem durchlässigen Boden sowie im Kübel. Nur beschädigte Triebe werden geschnitten. Vermehrung durch halbreife Stecklinge im Spätsommer.

Elaeagnus x ebbingei
H 3 m S 3 m
Sonne
Gut durchlässig/mäßig feucht
Beliebig Z6

Die Wintergrüne Ölweide ist ein sehr robuster immergrüner Strauch mit ausladendem Wuchs und schuppigen goldbronzefarbenen Trieben. Die ledrigen, breit lanzettlichen Blätter haben eine metallisch grün schimmernde Oberseite und eine silbrige Unterseite. Im Herbst und Winter erscheinen zwischen den Blättern winzige, stark duftende weiße Blüten in Glockenform. Oft bemerkt man den Duft, ehe man die Blüten sieht. Panaschierte Sorten sind etwa 'Gilt Edge' (gelb gerandete Blätter) und 'Limelight' (silbriger Austrieb und lindgrüne bis gelbe Blattzeichnung). Bei panaschierten Sorten müssen grüne Triebe entfernt werden, damit die Pflanze nicht in die Grundform zurückschlägt. Vermehrung durch halbreife Stecklinge im Sommer.

Myrtus communis
H 3 m S 3 m
Sonne
Gut durchlässig/mäßig feucht
Beliebig Z8

Die Brautmyrte ist ein buschiger, aufrechter Strauch mit dichtem Laub und im Alter überhängenden Zweigen. Die ovalen, dunkelgrün glänzenden Blätter mit aromatischem Duft sind etwa 5 cm lang und sitzen paarweise an orangebraunen Stielen. Von Spätsommer bis Herbst erscheinen einzeln stehende weiße, süß duftende Blüten aus 5 Petalen mit einem auffallenden Tuff aus Staubgefäßen in der Mitte. Aus ihnen entwickeln sich im Spätherbst schwarzviolette Früchte. Es gibt einige panaschierte Formen, darunter 'Variegata'. Vermehrung durch halbreife Stecklinge im Spätsommer oder durch Herbstaussaat im Kalten Kasten.

STRÄUCHER

Osmanthus armatus

H 5 m S 4 m
Sonne/Halbschatten
Gut durchlässig
Beliebig Z7

Diese Duftblüten-Art ist ein rundlicher immergrüner Strauch mit dichtem, im Alter ausladendem Wuchs. Die ledrig dunkelgrünen, lanzettlichen Blätter von bis zu 15 cm Länge haben einen scharf gezähnten Rand. Im Herbst trägt der Strauch in den Blattachseln der jungen Triebe Büschel schlank trichterförmiger cremeweißer Blüten mit intensivem, süßem Duft. Aus ihnen entwickeln sich häufig 2–3 cm lange, ovale Beeren in dunklem Violett. Vermehrung unmittelbar nach der Samenreife durch Aussaat im Kalten Kasten oder durch halbreife Stecklinge im Sommer.

Osmanthus heterophyllus

H 5 m S 5 m
Sonne/Halbschatten
Mäßig feucht
Beliebig Z6

Die Stachelblättrige Duftblüte ist ein langsam wachsender Strauch mit rundlich ausladender Form, der oft mit der Stechpalme verwechselt wird. Die ledrig mittelgrünen Blätter von etwa 6 cm Länge haben eine elliptische Form und einen scharf bestachelten Rand. Die jungen Triebe älterer Pflanzen sind oft unbelaubt. Im Frühherbst erscheinen in den Blatt- und Triebachseln kleine Büschel mit ebenfalls kleinen, duftenden Trichterblüten, aus denen sich ovale blauschwarze Beeren entwickeln. Durch Aussaat im Kalten Kasten unmittelbar nach der Samenreife oder durch halbreife Stecklinge im Sommer kann diese Pflanze vermehrt werden.

Yucca gloriosa

H 2,5 m S 2 m
Sonne
Gut durchlässig/mäßig feucht
Neutral Z7

Diese Art der Palmlilie stammt aus dem Südosten der USA. Der auffällige, immergrüne Strauch ist winterhart und gedeiht gut in sandigen, mageren Böden. Die langen, riemenförmigen Blätter sind bläulich grün und verfärben sich im Alter dunkelgrün – ihr vorderes Ende vertrocknet oft und bildet dann eine scharfe braune Spitze. Im Spätsommer oder Herbst erscheinen imposante, bis zu 2,5 m hohe Rispen mit hängenden weißen Glockenblüten, die etwa 5 cm lang werden und an Lilien erinnern. Bei der Sorte 'Nobilis' ist auf den Petalen eine rötliche Zeichnung zu sehen. Um diese Palmlilie zu vermehren, trennt man im Frühling bewurzelte Ausläufer ab und pflanzt sie ein.

KLETTERPFLANZEN & STRÄUCHER VOR MAUERN

Lonicera japonica
H 10 m S 10 m
Sonne/Halbschatten
Gut durchlässig/mäßig feucht
Beliebig Z4

Das attraktive Japanische Geißblatt hat windende Triebe mit immergrünen bis halb immergrünen, ovalen Blättern in leuchtendem Grün, die paarweise an dünnen Trieben stehen. Die duftenden Röhrenblüten, die sich zu einem weiten Trichter öffnen, stehen einzeln oder in kleinen Büscheln. Beim Erblühen sind sie weiß mit einem Hauch Violett, später verfärben sie sich dunkelgelb. Wenn die Blüten im Spätherbst verwelken, folgen ihnen kleine bläulich schwarze Früchte. Im Frühling werden die Seitentriebe eingekürzt. Ältere Triebe entfernt man gelegentlich, damit sich die Pflanze verjüngen kann. Vermehrung durch Steckhölzer im Winter.

Passiflora caerulea
H 6,5 m S 5 m
Sonne
Gut durchlässig/mäßig feucht
Beliebig Z7

Die Blaue Passionsblume ist eine kletternde Staude, deren oberirdische Teile im Winter absterben. Im folgenden Frühling treibt sie aber neu aus. Von Spätsommer bis Herbst trägt sie spektakuläre, große duftende Blüten, die einzeln an kurzen grünen Stielen sitzen. Sie haben rosa-weiße Kelch- und Kronblätter und einen Strahlenkranz aus stachelig aussehenden, bläulich violetten Staubfäden – dieser »Dornenkrone« verdankt die Passionsblume ihren Namen. An kantigen grünen Trieben sitzen fünf- bis siebenfingrige mittelgrüne Blätter. Die Pflanze klettert mithilfe von Halteranken innerhalb einer Saison bis in 6,5 m Höhe. Vermehrung durch Risslinge von Hoch- bis Spätsommer.

***Rosa* 'Mermaid'**
H 7 m S 7 m
Sonne
Mäßig feucht
Beliebig Z5

Diese wüchsige, vielseitige Kletterrose hat lange, überhängende Triebe. Die dunkelgrün glänzenden Blätter sind nahezu immergrün. Sie stehen an reich bewehrten rötlich braunen Trieben. Die großen, gekrümmten Stacheln sind anfangs rot und färben sich später braun. Die ungefüllten hellgelben Blüten von bis zu 10 cm Durchmesser zeigen im Zentrum einen großen Tuff aus goldgelben Staubgefäßen. Sie duften angenehm und erscheinen ab dem Hochsommer fortlaufend bis zum ersten Frost. Vermehrung durch Okulation im Sommer oder durch Pfropfen im Winter.

STAUDEN, EIN- & ZWEIJÄHRIGE

Achillea filipendulina
H 1,2 m S 45 cm
Sonne
Mäßig feucht
Beliebig Z3

Die Goldgarbe ist eine winterharte Staude mit kompakt-aufrechtem Wuchs und breiten, farnartig fein geteilten, leicht behaarten Blättern in mattem Grün. Von Spätsommer bis Frühherbst erscheinen an straff aufrechten Stielen über dem Laub flache zitronengelbe Blütendolden von 13–15 cm Durchmesser. Eine beliebte Sorte ist 'Gold Plate' mit dunkel goldgelben Blüten. Das Laub mit dem herben Geruch, der an Rainfarn erinnert, eignet sich gut für Potpourris. Die Blüten lassen sich hervorragend trocknen und für Gestecke verwenden. Vermehrung im Frühling durch Teilung älterer Stauden in Segmente mit 4–5 Triebansätzen.

Coriandrum sativum
H 60 cm S 30 cm
Sonne/Halbschatten
Gut durchlässig
Beliebig Z7

Koriander ist eine winterharte Einjährige aus dem Mittelmeerraum mit langstieligen, farnartigen, dunkelgrün glänzenden Blättern, die den kräftigen Duft von Zitrusgewächsen besitzen. Von Hochsommer bis Spätherbst trägt die Pflanze an den Triebspitzen flache Dolden mit einem Durchmesser von bis zu 5 cm aus kleinen, schalenförmigen Blüten in Rosa oder Weiß. Aus den Blüten entwickeln sich goldbraune Früchte, die nach dem Trocknen nach Orangen duften. Vermehrt wird die Pflanze, in dem man nach den letzten Frösten direkt ins Freiland aussät.

Lilium speciosum
H 1–1,5 m S 30 cm
Halbschatten
Feucht
Sauer Z5

Die intensiv duftenden Blüten der Prachtlilie sind als Schnittblumen beliebt. Aus den runden, gelblichen bis bräunlich violetten Zwiebeln erheben sich aufrechte grüne Stiele, die manchmal eine violette Zeichnung tragen. Sie sind mit gleichmäßig verteilten, lanzettlichen Blättern in Mittelgrün besetzt. Von Hochsommer bis Herbst erscheinen große Blüten, die seitlich vom Stiel abstehen. Die Petalen der Einzelblüten sind zurückgebogen und haben einen gewellten Rand. Meist sind sie weiß und zeigen einen dunkelrosa Schlund. Varietäten mit anderen Färbungen sind *L. speciosum* var. *album* (reinweiß) oder *L. speciosum* var. *rubrum* (dunkelkarminrot). Vermehrung durch Teilung oder durch Stängelbulben im Herbst.

STAUDEN, EIN- & ZWEIJÄHRIGE

Nerine bowdenii

H 75 cm S 8 cm
Sonne
Gut durchlässig
Beliebig Z8

Die Nerine ist ursprünglich in Südafrika heimisch und eine nur bedingt winterharte Staude mit fleischig verdickter Wurzel. Sie bildet Horste aus breiten, halb aufrechten, riemenförmigen Blättern in mittlerem Grün, die oft erst mit den Blüten erscheinen. Im Herbst trägt sie auf schlanken grünen Stielen lockere Dolden aus trichterförmigen, an Lilien erinnernde Blüten mit feinem Duft – sie sind meist rosa und haben Petalen mit gekräuseltem Rand; *N. bowdenii* fo. *alba* trägt weiße Blüten. Durch Aussaat direkt nach der Samenreife oder durch Teilung der Horste nach der Blüte lässt sich die Pflanze vermehren.

Romneya coulteri

H 1,2 m S 2 m
Sonne
Gut durchlässig
Alkalisch/neutral Z7

Der Kalifornische Baummohn ist eine Staude mit strauchigem Wuchs, die aus dem Westen der USA stammt. Seine tief geschlitzten blaugrünen Blätter sitzen an kräftigen blaugrünen Stielen und erinnern an Farne. Er beeindruckt vor allem durch seine 10–13 cm großen, mohnähnlichen weißen Blüten. Sie haben einen dicken Tuff goldgelber Staubgefäße, verströmen einen exotisch süßen Duft und erscheinen im Spätsommer und im Herbst. *R. coulteri* var. *trichocalyx* ist kleiner und weniger wüchsig als die Art, trägt aber in den Sommermonaten noch intensiver duftende Blüten. Vermehrung durch Wurzelschnittlinge im Spätwinter oder zeitigen Frühjahr.

Scabiosa atropurpurea

H 1 m S 25 cm
Sonne
Mäßig feucht
Alkalisch/neutral Z9

Die Samt- oder Purpur-Skabiose ist eine winterharte Zweijährige mit großen, nach Honig duftenden Blüten in verschiedenen Lilatönen. Sie erscheinen von Hochsommer bis Herbst und sitzen einzeln an schlanken, unbelaubten Stielen in hellem Grün. Die riemenförmigen Blätter, deren vorderer Teil in schmale Segmente geteilt ist, bilden niedrige Polster von 20–30 cm Höhe. Die Blüten erheben sich hoch über dem Laub und eignen sich sehr gut zum Schnitt. Vermehrung durch Aussaat – im zeitigen Frühling in Behälter an einem geschützten Ort, nach den letzten Frösten auch direkt im Freiland.

DER DUFTGARTEN IM WINTER

Kapitel sechs

DER DUFTGARTEN IM WINTER

Pflanzen für den Winter

Einige Pflanzen tragen gerade in den Wintermonaten außergewöhnlich schöne und duftende Blüten. Manche der Blüten sehen zwar zart aus, sind aber so robust, dass sie selbst eisiges Wetter unbeschadet überstehen. Setzen Sie auf Pflanzenvielfalt, damit der Garten auch im Winter stets mit Düften aufwartet, aber übertreiben Sie es nicht: Zu viele verschiedene Düfte in zu enger Nachbarschaft konkurrieren miteinander und überlagern sich gegenseitig – auch wenn man die Schönheit der einzelnen Blüten wahrnimmt, die subtilen Nuancen kann man in einer gemischten Duftwolke nicht mehr unterscheiden.

Winterdüfte

In den kalten Monaten sind nur wenige Bestäuber unterwegs, darum müssen die Pflanzen verstärkt auf sich aufmerksam machen. Arten, die von den gleichen Insekten bestäubt werden, versuchen sie mit unterschiedlichen Düften anzulocken. Winter-Jasmin (*Jasminum nudiflorum*) duftet nach Honig, die Mahonie (*Mahonia japonica*) eher wie Maiglöckchen und der Seidelbast (*Daphne odora*) würzig. Das Duftspektrum der Schneeball-Arten (*Viburnum*) reicht von Gewürznelken über Jonquillen bis Heliotrop. Nun darf man aber nicht annehmen, dass alle Winterblüher mit schönen Düften betören – manche duften gar nicht, andere eher unangenehm. Die Stinkende Nieswurz (*Helleborus foetidus*) trägt ihren Namen aus gutem Grund, auch der Lorbeer-Seidelbast (*Daphne laureola*) ist kein Nasenschmeichler.

Hohe Pflanzen

Die Platzierung der Winter-Duftpflanzen muss durchdacht sein. Einerseits soll der Duft gut wahrnehmbar sein, andererseits sind diese Pflanzen während des restlichen Jahres weniger attraktiv und können im Sommergarten etwas langweilig aussehen. Hier bieten höhere Arten eine gute Lösung. Chinesische Winterblüte (*Chimonanthus praecox*), Zaubernuss (*Hamamelis*) und Mahonie sollten wegen ihrer Größe ohnehin hinten im Beet stehen. Niedrige sommergrüne Arten vor ihnen lassen sie im Winter gut zur Geltung kommen und verdecken sie im Sommer teilweise. Beim Kombinieren sollte man jedoch alle Vorzüge einer Pflanze bedenken. Die Zaubernuss beispielsweise hat eine prächtige Herbstfärbung, die man nicht verstecken sollte.

Wandbegrünung

Platziert man duftende Pflanzen in unmittelbarer Nähe des Hauses, am besten direkt an Fenstern oder Türen, die während der Blütezeit regelmäßig geöffnet werden, kommt man auch im Haus teilweise in den Genuss des Duftes. Pflanzen, die nahe am Haus wachsen, blühen früher und oft auch länger als ihre Artgenossen im Garten, weil der Standort am Haus geschützt ist und die Mauern Sonnenwärme speichern. Zu den Winterblühern, die sich zur Wandbegrünung eignen, gehören der gelb blühende Winter-Jasmin (*Jasminum nudiflorum*) und die immergrüne *Clematis cirrhosa* var. balearica. Ein Nachteil eines solchen geschützten Standortes ist, dass die verfrühen Blüten in einer harten Frostperiode Schaden nehmen können und der Duft für eine ganze Saison verloren sein kann.

Die Orientalische Nieswurz (Helleborus orientalis) *hat einen schwachen, aber angenehmen Duft - im Gegensatz zur Stinkenden Nieswurz* (H. foetidus).

Zwiebel- und Knollenpflanzen

Zwiebelblüher sehen am schönsten aus, wenn man sie in größeren Gruppen pflanzt. Dies ist vor allem bei kleineren Arten wie Krokusse und winterharte Alpenveilchen (*Cyclamen*) sinnvoll, denn man nimmt den zarten Duft einer einzelnen Blüte im Vorbeigehen kaum wahr.

Hyazinthen, Narzissen und Krokusse kann man in Töpfen und Schalen vortreiben, sodass sie schon im Vorfrühling im Haus blühen (s. S. 64 f.). Besonders Hyazinthen und einige Narzissen sind für diesen Zweck wegen ihres intensiven Dufts und der hübschen Blütenfarben und -formen sehr beliebt. Holt man vorgetriebene Zwiebeln jeweils in Abständen von 2–3 Wochen in warme Räume, kann man sich bis ins Frühjahr hinein an den duftenden Blüten freuen.

Düfte im Haus

Viele winterblühende Duftsträucher sind schnittverträglich. Holt man Zweige mit halb geöffneten Blüten ins Haus und stellt sie in eine Vase mit Wasser, öffnen sich die Blüten in der Wärme rasch und erfüllen den Raum mit ihrem Duft. Viele solcher Zweige halten sich eine Woche oder länger, bevor die Blüten welken.

Das Wetter und seine Auswirkungen

Zu keiner Zeit ist das Wetter so unberechenbar wie im Winter. Abhängig von der Region, in der sich der Garten befindet, kann schwerer Schnee, anhaltender Regen, beißend scharfer Wind oder harter Frost den Pflanzen zu schaffen machen. In Küstennähe ist die Frostgefahr geringer, dafür herrscht oft dicker Nebel, und die Luft ist mit Salz angereichert. Sommergrüne Bäume und Sträucher sehen nach dem herbstlichen Laubfall zwar wie tot aus, doch tatsächlich wurden dem Laub nur die Nährstoffe entzogen, um sich für den Winter zu rüsten. Sie wachsen weiter, wenn auch sehr langsam. Ihre Wurzeln sind, abgesehen von einer sehr kurzen Ruhephase im tiefsten Winter, ständig aktiv. In den Trieben finden chemische Veränderungen statt, und es werden Triebknospen angelegt, die aufplatzen, sobald das Wetter wieder warm ist.

Gartenarbeiten im Winter

Meinen Sie, im Winter gäbe es im Garten nichts zu tun, weil sowieso alles abgestorben sei? Gewiss lädt die kalte Jahreszeit nicht gerade zu Aktivitäten im Freien ein, doch für die Pflanzen unterscheidet sich der Winter nicht wesentlich von anderen Jahreszeiten. Es ist nur kälter und sie wachsen langsamer. Viele Duftpflanzen legen im Winter zwar eine Ruhephase ein, deshalb sollte es sich ein Gärtner aber nicht hinterm Ofen bequem machen, denn auch in der kalten Jahreszeit gibt es eine Menge wichtiger Aufgaben zu erledigen.

Pflanzenpflege

Gewächshaus und Kalte Kästen müssen regelmäßig auf Schädlinge kontrolliert werden, die solche geschützten Orte schätzen. Wer keine chemischen Pflanzenschutzmittel verwendet, sollte es mit der Hygiene genau nehmen, um Infektionen zu vermeiden. Entfernen Sie von Pflanzen, die sich im Haus, im Gewächshaus oder Wintergarten im aktiven Wachstum befinden, verwelkte Blüten und gelbe Blätter, ehe sich schädliche Pilze darauf ansiedeln. Sorgfältiges Gießen stellt sicher, dass Blüte und Wuchs nicht durch Über- oder Unterversorgung beeinträchtigt werden. Verholzende Kübelpflanzen wie Zitrusbäumchen bilden in warmen Räumen mit schwachem Licht oft dünne, weiche Triebe, die man gelegentlich stutzen sollte.

Dicke Schneeschichten, die auf Koniferen und anderen Immergrünen mit großer Oberfläche liegen bleiben, müssen regelmäßig abgeschüttelt werden, damit durch das Gewicht keine Zweige abbrechen. Anderenfalls können an den Bruchstellen leicht Krankheitserreger ins Holz eindringen.

Winterschutz

Gewächshäuser und Kalte Kästen werden mit Luftpolsterfolie oder ähnlichem Material isoliert, um Energie zu sparen. Auch Zugluft bewirkt Wärmeverlust und schadet den Pflanzen. Droht starker Frost, brauchen frisch gesetzte Pflanzen im Freien Schutz. Wind kann sogar noch schwerere Schäden anrichten als Kälte und ist eine besondere Gefahr für Immergrüne, Kübelpflanzen und Gewächse von mehr als 45 cm Höhe, die noch nicht fest verwurzelt sind. Lockern sich bei Sturm die Wurzeln im Erdreich, muss der Boden wieder gut angedrückt werden. Danach wird die Pflanze gestützt oder mit einem Windschutz versehen. Für Gärten in windigen Regionen ist eine Windschutzhecke sinnvoll, die solche Schäden verringern hilft. Zudem nimmt man in einem geschützten Garten Düfte besser wahr, weil sie sich nicht so schnell verflüchtigen.

Starker Wind kann das Laub austrocknen; vor allem großblättrige Immergrüne, aber auch Koniferen sind gefährdet. Entzieht der kalte Wind Blättern die Feuchtigkeit schneller, als sie ersetzt werden kann, wird das Laub auf der Windseite einer Pflanze manchmal braun und trocken. Und ist der Gartenboden nass oder gefroren, können die Wurzeln nicht ausreichend Feuchtigkeit aufnehmen, um die vom Wind verursachte Verdunstung auszugleichen. Ein Windschutz aus Plastikgewebe oder Gartenvlies trägt dazu bei, solche Schäden zu vermeiden.

Auch bei schwerem Frost danken manche Pflanzen eine Verpackung aus licht- und luftdurchlässigem Vlies. Bei Kübelpflanzen sind außerdem die Wurzeln durch starken Frost gefährdet, darum sollten Sie die Kübel bei Kälte einwickeln oder vorübergehend an einen geschützten Platz bringen.

Bodenbearbeitung

Im Winter sind einige Beete leer, also ist dies der beste Zeitpunkt, den Boden zu bearbeiten. Schwere Böden werden im Frühherbst umgegraben, denn der Frost bricht klebrigen Lehm besser auf als jedes Gartenwerkzeug. Wer einen Garten mit Lehmboden hat, sollte den Winter daher als Verbündeten betrachten. Arbeiten Sie beim Umgraben reichlich Kompost oder andere organische Substanz ein, um die Bodenstruktur zu verbessern und den Pflanzen optimale Wachstumsbedingungen zu bieten.

Bauarbeiten

Da im Winter manche Gartenbereiche nicht genutzt werden, bietet sich diese Zeit auch für Bau- oder Pflasterarbeiten an. Im »kahlen« Zustand ist die Gartenanlage besser zu erkennen und leichter zu verändern. Wenn der Boden nicht so nass ist, dass seine Struktur durch Schubkarren oder herumlaufende Menschen geschädigt wird, kann nun auch eine Drainage angelegt oder verbessert werden. Im Sommer mögen solche Arbeiten angenehmer sein, doch dann sind gerade Lehmböden oft steinhart, obendrein sind viele Flächen mit Pflanzen besetzt.

Instandhaltung und Reparaturen

Im Winter verlangen die Pflanzen weniger Aufmerksamkeit, darum bietet sich diese Zeit für Instandhaltungs- und Reparaturarbeiten an. Wasserbecken und Teiche können jetzt bequem gereinigt werden und Beckenwände oder Teichfolien sind einfacher zu reparieren, wenn die Pflanzen die Blätter eingezogen haben und die Fische Winterruhe halten.

Arbeiten am Rasen werden am besten im Spätwinter oder Vorfrühling, ehe das Gras zu wachsen beginnt, ausgeführt. Ob Sie Unebenheiten glätten, Beete vergrößern, ihre Form verändern oder an kahlen Stellen Gras nachsäen wollen: Arbeiten Sie nicht bei Frost, denn Fußabdrücke im gefrorenen Gras können zu braunen Flecken führen. Das liegt daran, dass das Wasser in den Zellen der Halme gefroren ist und beim Betreten die Zellwände beschädigt werden.

Kleinblättrigen Pflanzen wie der intensiv duftenden Fleischbeere Sarcococca humilis *macht Schnee nicht viel aus. Von Gehölzen muss man die Schneedecke jedoch abschütteln, damit unter ihrem Gewicht keine Äste abbrechen.*

Vermehrung & Pflanzung

Gartenpflanzen wachsen im Winter nur langsam und verlangen wenig Zuwendung. Dafür fällt umso mehr Beschäftigung mit dem Nachwuchs an. Manche Samen müssen der Kälte ausgesetzt werden, um im folgenden Jahr zu keimen. Einige Stauden können nun ausgesät werden, während andere, die bei Aussaat unberechenbare Ergebnisse bringen, durch Stecklinge vermehrt werden. Im Spätherbst werden ältere Pflanzen umgepflanzt oder geteilt, damit sich die Wurzeln über den Winter etablieren können und im Frühling neu austreiben.

Aussaat

Die Samen von Rosen und einiger anderer Pflanzen müssen stratifiziert (das heißt eine Zeit lang der Kälte ausgesetzt) werden, damit sie im folgenden Frühjahr und Sommer keimen. Man sät diese Arten im Spätherbst im Freien aus. Bei Temperaturen von –2 °C bis 2 °C setzen in den Samen chemische Veränderungen ein, die später die Keimung auslösen. Auch die Zaubernuss und andere winterharte Pflanzen können im Winter aus Samen vermehrt werden.

Steckhölzer

Der Winter ist die richtige Zeit, um Bäume und Sträucher durch Steckhölzer zu vermehren. Dazu schneiden Sie einfach Stücke von den diesjährigen Trieben ab und stecken sie in den Gartenboden. Nach 10–12 Monaten entstehen so neue, relativ große Jungpflanzen. Werden die Steckhölzer im Frühwinter genommen, bewurzeln sie oft schon innerhalb eines Monats. Stecklinge von immergrünen Pflanzen wie Ölweide (*Elaeagnus*) und Mahonie zieht man im Kalten Kasten heran, damit sie nicht austrocknen. Sie sollten etwa ein Jahr im Kalten Kasten bleiben, bis die Wurzeln kräftig genug sind, das Umpflanzen zu verkraften.

Stecklinge von immergrünen Laubgehölzen wie dieser Mahonia lomariifolia *werden im Winter genommen und in einen Kalten Kasten gepflanzt.*

Teilung

Viele winterharte Stauden können Anfang des Winters geteilt werden. Damit die Pflanzen gesund bleiben und reichlich blühen, graben Sie sie in Abständen von 3–4 Jahren aus und entfernen Sie sorgfältig alle alten, abgestorbenen, erkrankten oder beschädigten Teile des Wurzelwerks. Danach werden nur die gesunden, jüngeren Teilstücke wieder eingepflanzt.

Umpflanzen

Blüten im tiefsten Winter sind eine besondere Kostbarkeit, zumal viele der Winterblüher wunderbar duften. Allerdings dauert die Blütezeit nicht lange und die Zeit des intensivsten Duftes ist noch kürzer: Oft nimmt sie nur ein Drittel des Zeitraums zwischen dem Öffnen der Knospen und dem Welken der Blüte ein. Darum sollte man solche Pflanzen direkt an Wegen und Terrassen pflanzen. Leider sehen sie aber in den übrigen Monaten des Jahres eher unscheinbar aus und nehmen, wenn sie vorne in Beeten stehen, anderen Arten die besten Plätze weg. Solche Aspekte sollte man bei der Planung der Bepflanzung berücksichtigen.

Winterharte Pflanzen wie die Hybrid-Zaubernuss (Hamamelis x intermedia) *können in der kalten Jahreszeit durch Samen vermehrt werden.*

Wurzelnackte Pflanzen

Der schlechteste Zeitpunkt zur Pflanzung wurzelnackter Gehölze ist eine Periode mit kaltem windigen Wetter. Wenn nackte Wurzeln nur 20 Minuten kaltem Wind ausgesetzt sind, entstehen Schäden, die ausheilen müssen, ehe die Pflanze sich etablieren und neu austreiben kann. Bei ungünstigen Wetterbedingungen müssen solche Pflanzen an einem geschützten Platz vorübergehend »eingeschlagen« werden, ehe man sie bei besserem Wetter an den endgültigen Platz pflanzt.

Jungpflanzen in Containern

Wenn der Gartenboden nass oder sehr schwer (lehmig) ist, sollte man in Containern gekaufte Jungpflanzen nicht auspflanzen. Gartenbaubetriebe verwenden oft erdlose Substrate, die extrem saugfähig sind und Wasser aus dem umgebenden Gartenboden aufnehmen. Dadurch kann Staunässe entstehen, die die jungen Wurzeln erstickt, weil sie nicht ausreichend Sauerstoff erhalten.

Duftlilien vermehren

Es gibt verschiedene Techniken, Duftpflanzen zu vermehren, um die eigenen Bestände kostenlos aufzustocken oder Freunde und Familie mit hübschen Jungpflanzen zu beschenken. Lilien (*Lilium*) sehen zwar exotisch aus, eignen sich aber sehr gut für eine vereinfachte Form der Blattstecklingsvermehrung. So gewinnen Sie viele Pflanzen, an deren herrlich duftenden Trompetenblüten Sie sich im nächsten Jahr freuen können.

WAS SIE BRAUCHEN

Material: Lilienzwiebeln, Plastikbeutel, feiner Torf oder ähnliches Substrat, Fungizid-Pulver, Pflanzetiketten, Blumentöpfe

Um von Lilien neue Pflanzen zu ziehen, bietet sich eine vereinfachte Form der Blattstecklingsvermehrung an. Aus den abgetrennten äußeren Schuppen einer Zwiebel (bei denen es sich um umgebildete Blätter handelt) erhält man viele Jungpflanzen. Selbst wenn bis zu 80 % der Mutterzwiebel entfernt werden, wächst und blüht sie im folgenden Jahr.

Meist wendet man diese Methode während der Ruhezeit der Pflanze im Spätherbst und Frühwinter an, es sind jedoch einige Vorbereitungen nötig. Im Spätsommer oder Frühherbst, wenn die Blüten verwelkt sind und der Stiel sich braun färbt, wird die Pflanze ausgegraben. Die Zwiebeln in einer flachen Schale 2–3 Tage abtrocknen lassen, dann die Erde vorsichtig von den Zwiebeln bürsten und den abgestorbenen Stiel entfernen.

Die Zwiebeln müssen sorgfältig gesäubert werden, da Reste von Erde oder abgestorbenen Pflanzenteilen Pilzbefall fördern können; Pilze breiten sich im feuchtwarmen Klima, das während der Anzucht der Jungpflanzen herrscht, schnell aus.

Tipp: Einige Lilien-Arten können auch durch Stängel- und Achselbulben vermehrt werden, die sich am Stiel bzw. in den Blattachseln bilden.

1

Äußere Schuppen der Zwiebel an der Spitze anfassen und vorsichtig von der gemeinsamen Basis abbrechen; nehmen Sie sie reihum einzeln ab, um unnötige Beschädigungen der verbleibenden zu vermeiden.

2

Die Schuppen in einen Plastikbeutel legen und das gleiche Volumen Substrat zugeben. Das Fungizid zufügen, den Beutel verschließen und behutsam schütteln, um den Inhalt gut zu vermischen.

3

Beutel locker zubinden und mit Pflanzennamen und Datum beschriften. 2–3 Monate an einem dunklen, warmen Platz (etwa einen Schrank) ruhen lassen. Danach sollte sich an jeder Schuppe eine kleine Brutzwiebel mit einer 6 mm langen Wurzel gebildet haben.

4

Jede Schuppe mit Brutzwiebel in einen kleinen Blumentopf pflanzen. Die Spitze der Schuppe soll noch aus der Erde ragen. Die Töpfe ins Freie stellen.

5

Sobald es im Frühling warm wird, sprießen aus den jungen Zwiebeln schmale Blättchen, die wie breite Grashalme aussehen.

6

Im Herbst können die jungen Zwiebeln dann ins Beet gepflanzt werden. Meist blühen sie schon im folgenden Jahr.

Wurzelschnittlinge

Die Vermehrung durch Wurzelschnittlinge ist relativ unbekannt, dabei ist sie eine schnelle, unkomplizierte Methode. Einige Pflanzenarten, hauptsächlich Stauden und alpine Pflanzen, lassen sich nur mit diesem Verfahren vermehren, das sich aber auch für viele duftende Bäume, Sträucher und Kletterpflanzen gut eignet.

WAS SIE BRAUCHEN

Werkzeug: Grabgabel, Rosenschere, scharfes Messer

Material: Pflanzen wie *Acanthus spinosus, Wisteria, Phlox, Romneya, Chaenomeles, Sassafras* oder *Aesculus parviflora,* Blumentöpfe, Substrat, Kies

Der Vorteil der Vermehrung durch Wurzelschnittlinge besteht darin, dass man aus einem kleinen Stück Wurzel viele Jungpflanzen ziehen kann. Zudem verunstaltet man nicht die Mutterpflanze, wie dies oft bei der Vermehrung aus Triebstecklingen geschieht. Pflanzen, die durch diese Methode vermehrt werden, besitzen in den Wurzeln ruhende Knospen, aus denen neue Triebe entstehen können. Da es sich um eine vegetative Vermehrungsmethode handelt, sehen alle Jungpflanzen genauso aus wie die Mutterpflanze.

Grundsätzlich legt man Schnittlinge von Pflanzen mit dicken, fleischigen Wurzeln (wie *Romneya*, *Aesculus* und *Echinops*) senkrecht in das Anzuchtsubstrat. Schnittlinge von Pflanzen mit dünnen, drahtigen Wurzeln (wie *Phlox*, *Hesperis* und das hier abgebildete *Eryngium*) werden waagerecht auf das Anzuchtsubstrat gelegt. Der beste Zeitpunkt für die Vermehrung durch Wurzelschnittlinge ist die Ruhezeit der Pflanze, also meist der Spätwinter oder das zeitige Frühjahr. Man kann zwar auch zu anderer Zeit mit Schnittlingen vermehren, doch fällt die Erfolgsquote dann meist geringer aus.

Tipp: Wurzelschnittlinge eignen sich sogar zur Schädlingsbekämpfung. Einige Phlox-Arten beispielsweise werden vorwiegend auf diese Weise vermehrt, um den Befall mit Nematoden zu reduzieren, die nur in den Blättern und Stielen leben.

Mit einer Grabgabel die Erde um die Wurzeln der Mutterpflanze vorsichtig auflockern, bis einige Wurzeln sichtbar werden.

Einige kräftige und gesunde Wurzeln mit einer Rosenschere abschneiden und aus der Erde nehmen. Die gelockerte Erde wieder über die Wurzeln der Mutterpflanze verteilen und behutsam andrücken.

Die Wurzeln vorsichtig abwaschen, um so viel Erde wie möglich zu entfernen. Dadurch sehen Sie besser, wo Sie den Schnitt ansetzen können, zudem wird die Messerklinge geschont.

Die Wurzeln mit einem scharfen Messer in 5 cm lange Stücke schneiden; am oberen Ende gerade und am unteren Ende (bei der Wurzelspitze) schräg. So laufen sie nicht Gefahr, die Schnittlinge kopfüber ins Substrat zu stecken.

Kleine Blumentöpfe mit Substrat füllen. Dicke, fleischige Schnittlinge werden senkrecht mit der Spitze nach unten in das Substrat gesteckt. Dünne, drahtige Stecklinge legen Sie flach auf die Oberfläche des Substrats.

Die Stecklinge mit einer Schicht grobem Kies bedecken, die für gute Belüftung sorgt, das Austrocknen der Schnittlinge verhindert und Schnecken fern hält.

Pflanzvorbereitungen

Eine erfolgreiche Pflanzung beginnt mit der sorgfältigen Auswahl: Kaufen Sie nur gesunde Pflanzen mit gleichmäßig verteilten, kräftigen Trieben, und meiden Sie Exemplare mit beschädigten oder abgebrochenen Trieben oder mit Anzeichen von Krankheiten oder Schädlingen. Bei Bäumen und Sträuchern sollte der Winkel zwischen Stamm und Hauptzweigen möglichst groß sein. Containerpflanzen, in deren Substrat viel Unkraut wächst, sind ebenfalls keine gute Wahl. Wann und wie Sie pflanzen, hängt letztlich davon ab, ob Sie Pflanzen wurzelnackt, mit Wurzelballen oder im Container kaufen.

Containerpflanzen

Pflanzen in Containern kann man zu jeder Jahreszeit kaufen und pflanzen, wann immer das Wetter es zulässt. Aus diesem Grund sind Containerpflanzen die bequemste Art, neue Pflanzen in den Garten zu integrieren. Einfach den Topf entfernen, den Wurzelballen kontrollieren und beschädigte Wurzeln oder überschüssige Triebe entfernen.

Wurzelnackte Pflanzen

Wie die Bezeichnung andeutet, sind dies Pflanzen ohne Erde. Die Wurzeln sind meist in Plastik gewickelt, um sie vor Frost und Austrocknung zu schützen. Wurzelnackte Pflanzen werden nur während deren Ruhezeit angeboten. Sie sind normalerweise preiswerter als Pflanzen mit Ballen oder im Container und können bei gutem Wetter gepflanzt werden, wenn der Boden nicht gefroren ist.

Pflanzen mit Wurzelballen

Die Wurzeln solcher Pflanzen sind zusammen mit etwas Erde fest in Sackleinen gewickelt. Sie werden von Herbst bis Frühling verkauft und können gepflanzt werden, wann immer das Wetter es zulässt. Kaufen Sie nur Pflanzen mit gleichmäßig verteilten, unbeschädigten Zweigen und gesundem Laub. Vor der Pflanzung das Sackleinen entfernen, die Wurzeln überprüfen und abgestorbene oder faulende Teile entfernen.

Der Erfolg einer Pflanzung steht und fällt mit der Wahl ausgewogen gewachsener Pflanzen, wie etwa diese Schneeforsythie (Abeliophyllum distichum).

Stützen und anbinden

Frisch gepflanzte Bäume halten sich aufrecht, sobald die Wurzeln im Erdreich Fuß gefasst haben. An windigen Standorten brauchen sie aber anfangs eine Stütze, damit sie sich in Ruhe etablieren können. Bei wurzelnackten Pflanzen wird die Stütze vor dem Baum ins Pflanzloch gestellt, damit nicht beim nachträglichen Einschlagen die Wurzeln verletzt werden. Der Stamm wird etwa 15–20 cm über dem Boden an der Stütze angebunden. Diese Höhe reicht auch in windigen Lagen aus. Es genügt, die Wurzeln zu fixieren, damit sie sich schnell im Boden verankern. Der Stamm darf sich im Wind biegen und natürlich verdicken. Die Stütze wird immer in Windrichtung angebracht, sodass der Baum an ihr zieht. Wird er vom Wind gegen die Stütze gedrückt, besteht Gefahr von Bruch- oder Reibungsschäden. Wer Container- oder Ballenpflanzen einsetzt, sollte die Stütze im Winkel von 45 Grad in den Boden schlagen, um Beschädigungen der Wurzeln zu vermeiden. Die Spitze der Stütze zeigt in Windrichtung, damit der Baum sie bei Winddruck tiefer in den Boden zieht. Den Stamm etwa 30 cm über dem Boden an der Stütze festbinden.

TIPPS FÜR DEN PFLANZENKAUF

PFLANZENTYP	VORTEILE	NACHTEILE
Pflanzen im Container	• Ganzjährig erhältlich. • Ideal für Pflanzen, die auf Störungen der Wurzeln mit vermindertem Wuchs reagieren (Transplantationsschock).	• Etwa 30–40 % teurer als andere Jungpflanzen. • Das Stützen und Anbinden ist oft schwierig. • Größere Exemplare sind wegen des Gewichts des Substrats sehr schwer und unhandlich.
Wurzelnackte Pflanzen	• Geringes Gewicht, weil kein Substrat an den Wurzeln haftet. • Da die Wurzeln beim Pflanzen sichtbar sind, ist das Stützen einfacher. • Meist deutlich preiswerter als Containerpflanzen.	• Nur 6 Monate erhältlich (während der Winterruhe der Pflanzen).
Pflanzen mit Wurzelballen	• Normalerweise preiswerter als Containerpflanzen. • Ideal für Pflanzen, die Wurzeltrockenheit schlecht vertragen, etwa Koniferen und immergrüne Laubpflanzen.	• Das Anbinden und Stützen ist oft schwierig. • Nur 6 Monate erhältlich (während der Winterruhe der Pflanzen). • Größere Exemplare sind wegen des Gewichts des Substrats sehr schwer und unhandlich.

Winterschutz für Kletterer

Viele duftende Kletterpflanzen und Sträucher vor Mauern sind etwas frostempfindlich und brauchen eine Wand nicht nur als Stütze, sondern auch als Schutz. In der kalten Jahreszeit müssen einige zusätzlich geschützt werden, damit sie nicht erfrieren und auch im folgenden Jahr reichlich duftende Blüten und Früchte tragen.

WAS SIE BRAUCHEN

Werkzeug: Rosenschere, Schraubenzieher, Schere, Tacker

Material: Schnur oder Gartendraht, kleine Winkel oder Tassenhaken, Schrauben, Gartenvlies, Bambusstäbe

Im Frühling, Sommer und Herbst speichern Mauern und Zäune Wärme, die gerade empfindlicheren Kletterpflanzen gut bekommt und sie zu reicher Blütenbildung oder gutem Fruchtansatz veranlasst. Im Winter dagegen brauchen Kletterpflanzen wie Passionsblume (*Passiflora*), Sträucher wie Spanischer Ginster (*Spartium junceum*) oder am Fächerspalier gezogene Sträucher wie *Luma* und Säckelblume (*Ceanothus*) oft zusätzlichen Schutz.

Die beste Lösung ist eine fest montierte, aber bewegliche Isolierung, die bei Kälte schnell heruntergelassen und bei Wärme geöffnet werden kann. Die Isolierung muss licht- und luftdurchlässig sein, sonst droht den Pflanzen Pilzbefall.

Stellt sich eine Periode milderen Wetters ein, rollt man die Isolierung wie ein Rollo auf, damit die Sonne die Pflanze wärmen kann. Dadurch wird auch verhindert, dass die Pflanze zu früh im Jahr austreibt, die vorhandenen Triebe weich werden oder sich unter der Isolierung Schädlinge oder Krankheitserreger einnisten.

Tipp: Lässt man eine empfindliche Kletterpflanze wie eine Passionsblume an einem immergrünen Strauch wachsen, erhält sie durch ihn einen gewissen Kälteschutz.

Beschädigte Triebe und lose Zweige, die scheuern könnten, werden abgeschnitten oder eingebunden. 4 Haken oder Winkel am Zaun oder an der Mauer anbringen: in 1,8 m Abstand 2 knapp über der Wurzel und 2 oberhalb der Pflanze.

Gartenvlies von 1,8 m Breite in der erforderlichen Länge abmessen; oben und unten je 10 cm zugeben. Die Zugaben umschlagen und mit dem Tacker befestigen.

Durch den oberen Tunnel einen 2 m langen Bambusstab schieben.

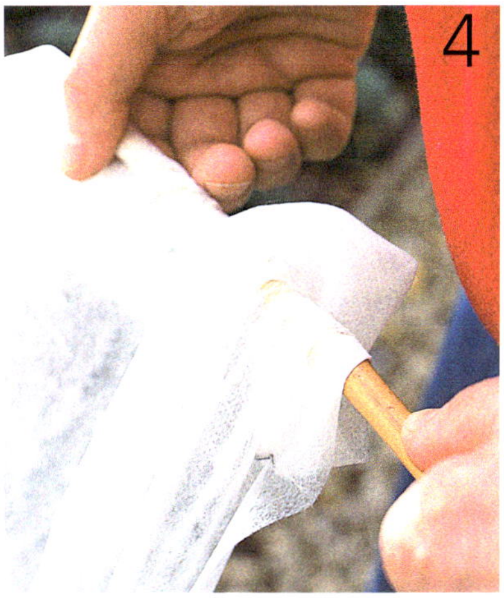

Durch den unteren Tunnel ebenfalls einen 2 m langen Bambusstab schieben.

Einen Bambusstab an den beiden oberen Haken oder Winkeln befestigen.

Das Vlies locker über die Pflanze drapieren, dann den zweiten Bambusstab in die unteren Haken einhängen bzw. an den Winkeln befestigen oder mit einer Schnur anbinden.

PFLANZENVERZEICHNIS

WINTER

BÄUME

Schlüssel zu den Kurzinformationen

H: Durchschnittliche Höhe der Pflanze.

S: Durchschnittliche Breite der Pflanze.

Sonne/Halbschatten/Schatten: Idealer Standort der Pflanze.

Gut durchlässig/mäßig feucht/ feucht: Grad der Bodenfeuchtigkeit, den die Pflanze benötigt.

Sauer/alkalisch/neutral/beliebig: Von der Pflanze bevorzugtes Bodenmilieu.

Z1 bis Z10: Härtezonen – niedrigster Temperaturbereich (Zone), den die Pflanze im Winter übersteht.

Zone 1:	unter –46 °C
Zone 2:	–46 bis –40 °C
Zone 3:	–40 bis –34 °C
Zone 4:	–34 bis –29 °C
Zone 5:	–29 bis –23 °C
Zone 6:	–23 bis –18 °C
Zone 7:	–18 bis –12 °C
Zone 8:	–12 bis –7 °C
Zone 9:	–7 bis –1 °C
Zone 10:	–1 bis 4 °C

Die Zonen geben nur Anhaltspunkte. Die Winterhärte hängt neben der Temperatur auch von Pflanztiefe, Wassergehalt bei Frosteinbruch, Windstärke, Dauer der Kaltwetterperiode sowie Länge und Temperaturen des vorangegangenen Sommers ab.

Amomyrtus luma
H 7 m S 4 m
Sonne
Gut durchlässig
Beliebig Z9

Der mehrstämmige immergrüne Baum mit aufrechtem Wuchs hat eine glatte Borke, die im Alter abschilfert. Die lanzettlichen, duftenden Blätter sind anfangs kupferrot und verfärben sich später glänzend dunkelgrün. Sie sind etwa 2–3 cm lang und sitzen gegenständig an orangebraunen Trieben. Vom Spätwinter an erscheinen süß duftende cremeweiße Blüten in Büschel von bis zu 10 cm Durchmesser. Aus ihnen entwickeln sich oft duftende rötlich schwarze Früchte, die essbar sind. Vermehrung im Frühling durch Aussaat im Kalten Kasten oder durch halbreife Stecklinge im Spätsommer.

Azara microphylla
H 10 m S 4 m
Sonne
Gut durchlässig/mäßig feucht
Beliebig Z7

Der immergrüne Buchsblättrige Azarabaum mit seinen schlanken, überhängenden Zweigen stammt aus Chile und Argentinien. Er hat ovale, dunkelgrün glänzende Blätter mit fein gezähntem Rand und oft hellerer Unterseite. Von Spätwinter bis Frühling trägt er dichte Dolden aus gelblich grünen, nach Vanille duftenden Blüten mit bis zu 1 cm Durchmesser. Sofort nach der Blüte werden blühende Triebe auf 4–5 Knospen zurückgeschnitten. Innerhalb der Gattung verträgt diese Art den Winter am besten, trotzdem bevorzugt sie einen geschützten Platz, etwa an einer Mauer. Vermehrung durch halbreife Stecklinge der neuen Seitentriebe im Hoch- bis Spätsommer.

BÄUME

Cornus mas

H 5 m S 5 m
Sonne
Gut durchlässig
Beliebig Z5

Die Kornelkirsche ist ein kleiner, winterharter Baum, der vom tiefen Winter bis in den Frühling dicht an den kahlen Zweigen große, füllige Dolden aus duftenden gelben Blüten trägt. Lange nach ihrem Verblühen erscheinen Mitte des Frühlings gegenständige, breitovale mittelgrüne Blätter. Es gibt verschiedene Sorten wie 'Aurea' und 'Variegata', die weniger wüchsig sind und zu anderen Jahreszeiten Akzente setzen. Diese Hartriegel-Art kann im Herbst durch Aussaat im Freien vermehrt werden.

Eucalyptus perriniana

H 10 m S 5 m
Sonne
Gut durchlässig
Sauer/neutral Z8

Die immergrünen Eukalyptusbäume sind wegen ihrer aromatischen, ledrigen blaugrünen Blätter und der abschilfernden Borke beliebt. Die Blattform verändert sich mit dem Alter der Pflanze: Jungpflanzen tragen fast kreisrunde Blätter, bei älteren Pflanzen sind sie lang und schmal. Die Rinde junger Bäume ist blaugrün, im Alter schilfert die Borke jedoch in Streifen ab – zunächst hängen diese herab, dann fallen sie schließlich herunter. Einige Arten, darunter *E. pulverulenta*, tragen im Winter Büschel von bis zu 3 weißen Blüten. Die Vermehrung erfolgt im Frühling durch Aussaat.

Prunus mume

H 9 m S 9 m
Sonne
Gut durchlässig
Beliebig Z6

Der sommergrüne Baum ist als Japanische Aprikose bekannt, stammt aber aus China und Korea. Er hat einen ausladenden Wuchs mit überhängenden grünen Trieben. An ihnen sitzen dunkelgrüne Blätter von 10 cm Länge mit rundlicher, spitz zulaufender Form. Noch vor dem Austrieb des Laubs erscheinen im Spätwinter und Vorfrühling süß duftende, paarweise angeordnete schalenförmige Blüten in Rosa oder Weiß mit etwa 2,5 cm Durchmesser. Ihnen folgen rundliche gelbe Früchte, die wie Aprikosen schmecken und wie diese mit einem feinen Flaum bedeckt sind. Vermehrung durch Weichholzstecklinge im Sommer oder durch Aussaat im Herbst.

STRÄUCHER

Coronilla valentina* subsp. *glauca
H 1 m S 1 m
Sonne
Gut durchlässig
Beliebig Z9

Die aus Südosteuropa stammende immergrüne Valencia-Kronwicke hat eine dichte, buschige Form mit schlanken, etwas sparrigen Zweigen. Die bläulich grünen Blätter dieser Unterart sind etwa 5 cm lang und oft in bis zu 9 Segmente geteilt. Im Spätwinter/Vorfrühling und manchmal noch einmal im Spätsommer erscheinen leuchtend gelbe Dolden mit bis zu 14 süß duftenden Schmetterlingsblüten. Aus ihnen entwickeln sich schlanke, etwa 5 cm lange Schoten. Es gibt verschiedene Varianten dieser Pflanze, darunter 'Citrina' (hellgelbe Blüten) und 'Variegata' (cremeweiße Blattränder). Vermehrung durch Aussaat im Kalten Kasten sofort nach der Samenreife oder durch halbreife Stecklinge im Spätsommer.

Daphne sericea
H 50 cm S 50 cm
Sonne
Mäßig feucht
Sauer/neutral Z8

Der immergrüne Berg-Seidelbast hat einen gedrungenen, rundlichen Wuchs und dunkelgrün glänzende Blätter mit flaumiger Unterseite. Er wächst langsam und braucht etwas Schutz vor kaltem Wind. Im Spätwinter und Vorfrühling trägt er Dolden von bis zu 15 rosavioletten Blüten mit weißer Zeichnung, die intensiv nach Gewürznelken duften. An milden, windstillen Tagen ist der Duft von Weitem wahrnehmbar. Der Strauch verträgt keine Störung, sodass er möglichst nicht umgepflanzt und stark geschnitten werden sollte; tote oder beschädigte Zweige kann man aber entfernen. Vermehrung durch halbreife Stecklinge im Sommer.

Erica* x *darleyensis
H 30 cm S 60 cm
Sonne
Gut durchlässig/mäßig feucht
Sauer Z6

Diese immergrüne Glockenheide ist eine Kreuzung zwischen *E. carnea* und *E. erigena*. Der dichte buschige Strauch hat kleine, lanzettförmig schmale, gerillte Blätter in mittlerem Grün. Vom Spätwinter bis ins Frühjahr trägt er bis 10 cm lange Trauben weißer oder rosaroter becherförmiger Blüten von etwa 0,5 cm Länge. Die Sorte 'Furzey' blüht besonders reich und duftet intensiv nach Honig. Diese Glockenheide-Hybride verträgt nur sauren Boden. Man kann sie im Frühling durch Absenker vermehren und im Hoch- oder Spätsommer durch halbreife Stecklinge von neuen Trieben, die in einen Kalten Kasten gesetzt werden.

STRÄUCHER

Erica* x *veitchii
H 2 m S 75 cm
Sonne
Gut durchlässig/mäßig feucht
Neutral Z8

Diese immergrüne Kreuzung zwischen *E. arborea* und *E. lusitanica* hat kleine, schmale mittelgrüne Blätter und einen aufrechten, lockeren Wuchs. Vom Spätwinter bis zum Frühling trägt sie bis zu 30 cm lange Trauben aus becherförmigen weißen Blüten von etwa 0,5 cm Länge. Die Blüten der Sorte 'Exeter' duften sehr intensiv. Wie alle Glockenheide-Arten bevorzugt auch diese sauren Boden, toleriert aber auch ein schwach alkalisches Milieu. Vermehrung durch halbreife Stecklinge der diesjährigen Triebe, die im Hoch- oder Spätsommer genommen und in einen Kalten Kasten gesetzt werden.

Eupatorium sordidum
H 3 m S 2,5 m
Sonne/Halbschatten
Feucht
Alkalisch Z10

Dieser stattliche sommergrüne Strauch aus Mexiko trägt auch den botanischen Namen *Bartlettina sordida*. Er hat einen buschig-runden Wuchs und seine jungen Triebe sind mit rötlichen Haaren bedeckt. Die speerförmigen dunkelgrünen Blätter sitzen gegenständig an den Trieben und sind etwa 10 cm lang. Sie laufen spitz zu, haben einen fein gezähnten Rand und tragen auf der Unterseite einen rötlichen Flaum. Von Spätherbst bis Winter erscheinen an den Spitzen der hohen Triebe flachrunde, bis 12 cm große Dolden aus violetten, intensiv harzig duftenden Blüten. Vermehrung durch Samen oder Weichholzstecklinge im Frühling.

Hamamelis* x *intermedia
H 3 m S 4 m
Sonne/Halbschatten
Mäßig feucht
Sauer/neutral Z5

Diese Zaubernuss-Hybride ist ein attraktiver sommergrüner Strauch, der im Winter an kahlen Zweigen viele überaus interessante Blüten trägt: Sie duften süß und haben mit ihren kleinen, leicht gedrehten Blütenblättern eine skurrile Spinnenform. Meist sind sie gelb, es gibt aber auch Sorten mit kupferroten Blüten. Die großen mittelgrünen Blätter sind breitoval und machen vor dem Laubfall im Herbst durch eine spektakuläre Färbung in Gelb-, Orange- und Rottönen auf sich aufmerksam. Vermehrung durch Weichholzstecklinge im Spätsommer oder durch Pfropfen auf eine Veredelungsunterlage Mitte des Winters.

STRÄUCHER

Lonicera* x *purpusii
H 2 m S 2,5 m
Sonne/Schatten
Mäßig feucht
Beliebig Z6

Innerhalb der Gattung der Heckenkirschen wird diese strauchige Hybride wegen ihrer duftenden Winterblüten geschätzt, die paarweise angeordnet an laublosen Zweigen erscheinen. Sie haben eine schlanke Röhrenform, die sich zu einem weiten Trichter öffnet; normalerweise sind sie weiß mit hell- bis goldgelber Zeichnung. Die sommergrünen bis halb immergrünen Blätter sind breitoval und mittel- bis dunkelgrün. Sie sitzen paarweise an dünnen, etwas sparrigen rötlich violetten Zweigen, die dem Strauch eine offene, lockere Form geben. Vermehrung durch Steckhölzer blütenloser Triebe im Winter oder durch Weichholzstecklinge im Hochsommer.

Mahonia lomariifolia
H 3 m S 2 m
Halbschatten
Gut durchlässig
Beliebig Z7

Diese Mahonien-Art stammt aus dem westlichen China und ist ein robuster winterharter Strauch. Er trägt dunkelgrün glänzende, ledrige Blätter von bis zu 60 cm Länge, die sich aus zahlreichen lanzettlichen, scharf gezähnten Einzelblättern zusammensetzen. Vom Spätherbst bis in den Winter erscheinen an den Triebspitzen etwa 20 cm lange Trauben aus leuchtend gelben Blüten mit intensivem, unverkennbaren Duft. Ihnen folgen im Sommer oft ovale schwarze Beeren. Die Vermehrung ist durch halbreife Stecklinge möglich, die im Spätsommer oder Frühherbst genommen und in einen Kalten Kasten gesetzt werden.

Mahonia* x *media
H 4 m S 3 m
Halbschatten
Gut durchlässig
Beliebig Z7

Der winterharte Strauch mit dem aufrechten Wuchs und den dunkelgrün glänzenden Blättern aus zahlreichen Einzelblättern ist eine Kreuzung aus *M. japonica* und *M. lomarifolia*. Vom Spätherbst bis zum zeitigen Frühling trägt er bis zu 40 cm lange, dichte Trauben aus gelben Blüten mit kräftigem Maiglöckchenduft. Für kleinere Gärten empfiehlt sich die Sorte 'Winter Sun' mit gebogenen Trauben aus leuchtend gelben Blüten. Vermehrung durch halbreife Stecklinge, die im Spätsommer oder Frühherbst genommen und in einen Kalten Kasten gesetzt werden.

STRÄUCHER

Sarcococca hookeriana
H 1,5 m S 2 m
Schatten
Mäßig feucht
Beliebig Z6

Die immergrüne Fleischbeere breitet sich durch Ausläufer aus und bildet dadurch schnell dichte Bestände. Die ledrig-zähen mittel- bis dunkelgrünen Blätter sitzen an kräftigen, aufrechten Stielen. Im Winter erscheinen in den Blattachseln süß duftende weiße Blüten, denen schwarzviolette Früchte folgen. *S. hookeriana* var. *digyna* besitzt schmalere Blätter. Die Pflanze wird durch Abtrennen von Ausläufern nach der Blüte oder durch Aussaat im Kalten Kasten gleich nach der Samenreife vermehrt. Im Spätsommer kann man auch halbreife Stecklinge nehmen.

Skimmia japonica
H 3 m S 5 m
Sonne
Mäßig feucht
Beliebig Z7

Die Japanische Skimmie ist eine langsam wachsende, winterharte Immergrüne mit rötlich grünen Stielen und ledrig-dicken, breitovalen Blättern, die beim Zerreiben aromatisch duften. Im Spätwinter erscheinen Rispen oft rosaroter Knospen, die sich zu süßlich duftenden weißen Blüten öffnen. Sie sind zweihäusig verteilt: An Sträuchern mit weiblichen Blüten entwickeln sich aus ihnen orangerote Früchte, die bis zum folgenden Herbst oder Winter halten. Da Skimmien auch in verschmutzter Luft gedeihen, eignen sie sich gut für Großstadtgärten. Vermehrung durch halbreife Stecklinge im Spätsommer, die in einen Kalten Kasten gesetzt werden.

***Viburnum* x *bodnantense* 'Dawn'**
H 2 m S 1,5 m
Sonne/Halbschatten
Mäßig feucht
Beliebig Z7

Der beeindruckende, aufrechte Bodnant-Schneeball bildet vom Spätherbst bis zum Frühjahr an kahlen Zweigen fortlaufend kräftig rosa Blütenrispen; nur bei extrem schlechten Wetter legt er eine Blühpause ein. An milden, windstillen Tagen kann man den Duft der Blüten schon von Weitem wahrnehmen. Gegen Ende der Blühperiode erscheinen grobe Blätter, die bronzegrün austreiben und sich dann dunkelgrün färben. Der Strauch ist zwar ideal für den Hintergrund einer Rabatte, sollte aber gut erreichbar sein, damit man seinen Duft besser genießen kann. Nur abgestorbene und beschädigte Zweige werden ausgeschnitten. Vermehrung durch Weichholzstecklinge im Sommer.

STRÄUCHER VOR MAUERN

Abeliophyllum distichum
H 1,5 m S 1,5 m
Sonne
Gut durchlässig
Beliebig Z5

Die attraktive sommergrüne Schneeforsythie eignet sich mit ihrem offenen, breiten Wuchs gut zur Wandbegrünung. Sie hat schlanke, überhängende hellbraune Triebe und erreicht an einer Mauer über 2,5 m Höhe. Die gegenständigen, matt dunkelgrünen Blätter sind etwa 8 cm lang und verfärben sich im Herbst rötlich. Im Spätwinter und zeitigen Frühling erscheinen in den Blattachseln süßlich duftende, kreuzförmige Blüten in Weiß mit rosa Zeichnung. Dieser Strauch kann durch Absenker oder durch halbreife Stecklinge im Sommer vermehrt werden.

Chimonanthus praecox
H 4 m S 3 m
Sonne
Gut durchlässig
Beliebig Z7

Die sommergrüne Chinesische Winterblüte eignet sich gut zum Begrünen von Mauern oder Zäunen. Die robusten, wachsartigen Blüten in transparentem Hellgelb mit violetter Mitte öffnen sich ab Mitte des Winters und haben einen feinen, würzigen Duft. Der große, aufrechte Strauch ist winterhart, braucht aber einige Zeit, um sich aufzubauen und Blüten zu bilden. Die mittelgrün glänzenden, lanzettlichen Blätter von bis zu 20 cm Länge erscheinen erst nach Ende der Blütezeit. Vermehrung durch Aussaat im Kalten Kasten gleich nach der Samenreife oder durch Weichholzstecklinge im Sommer.

Edgeworthia chrysantha
H 1,5 m S 1,5 m
Sonne/Halbschatten
Mäßig feucht
Beliebig Z8

Der sommergrüne Strauch hat weiche Zweige, die ihm mit der Zeit eine rundliche Kuppelform verleihen. Die ovalen dunkelgrünen Blätter von bis zu 15 cm Länge sitzen normalerweise eng zusammengedrängt an den Triebspitzen. Im Spätwinter und zeitigen Frühling erscheinen dichte, etwa 5 cm große Blütenstände mit kleinen gelben Röhrenblüten, die intensiv nach Gewürznelken duften. Die Pflanze braucht einen geschützten Standort und schätzt daher den Platz vor einer warmen Mauer. Die Vermehrung erfolgt im Herbst durch Aussaat in Töpfen, die in einen Kalten Kasten gestellt werden, oder im Sommer durch halbreife Stecklinge.

STRÄUCHER VOR MAUERN

Jasminum nudiflorum
H 3 m S 3 m
Sonne
Mäßig feucht
Beliebig Z6

Der Winter-Jasmin ist eine beliebte sommergrüne Pflanze, die sich ausgezeichnet zur Wandbegrünung eignet. Die peitschenartig dünnen, spärlich belaubten Triebe haben einen quadratischen Querschnitt und sind grün, sodass der Strauch auch im Winter einen grünen Eindruck vermittelt. Geschätzt wird er wegen der kleinen hellgelben Trichterblüten mit spreizenden Saumlappen – sie duften süß und erscheinen von Spätherbst bis Frühling. Die Sorte 'Aureum' hat goldgelb gefleckte Blätter. Der Winter-Jasmin gedeiht an fast allen Plätzen und in den meisten Böden. Vermehrung im Herbst durch halbreife Stecklinge oder durch Absenken der Triebspitzen, die bei Bodenkontakt leicht bewurzeln.

Lonicera fragrantissima
H 2 m S 3 m
Sonne/Schatten
Mäßig feucht
Beliebig Z5

Die Wohlriechende Heckenkirsche ist sommer- bis immergrün und trägt von Spätherbst bis Vorfrühling an kahlen Zweigen cremeweiße Blüten mit Honigduft. An dünnen, drahtigen Trieben mit hübscher hellbrauner Rinde sitzen paarweise breitovale Blätter. Sie sind dunkelgrün und haben eine bläulich grüne Unterseite. Der Strauch wird gern zur Wandbegrünung verwendet, weil sich so seine überhängenden Zweige, die ihm eine ausladende Form geben, gut im Zaum halten lassen. Man kann ihn durch Steckhölzer nicht blühender Triebe im Winter oder durch Weichholzstecklinge im Hochsommer vermehren.

Viburnum tinus
H 3 m S 3 m
Sonne/Halbschatten
Mäßig feucht
Beliebig Z7

Der robuste Immergrüne Schneeball hat in jungen Jahren einen aufrechten Habitus, kann im Alter aber sehr ausladend werden. Die glatten, breitovalen Blätter sind dunkelgrün und haben hellere Unterseiten. Sie stehen paarweise an dunkelgrünbraunen Trieben, an deren Enden sich in den Wintermonaten langlebige, flache Blütenstände aus weißen Röhrenblüten mit feinem Gewürznelkenduft bilden. Zu den attraktivsten Sorten zählt 'Eve Price' mit kräftig pinkfarbenen Knospen, die sich zu weißen, rosa überhauchten Blüten öffnen. Die Pflanze lässt sich durch halbreife Stecklinge im Frühsommer vermehren.

STAUDEN, ZWIEBEL- & KNOLLENPFLANZEN

***Crocus chrysanthus*-Gruppe**

H 5 cm S 2,5 cm
Sonne/Halbschatten
Gut durchlässig
Beliebig Z4

Diese Gruppe umfasst viele Hybriden, die im Spätwinter und Vorfrühling blühen. Die Blätter des Kleinen Krokus sind grau- bis mittelgrün. Jede Knolle kann bis zu 4 duftende Blüten bilden. Ihr Farbspektrum reicht von Weiß und Creme über verschiedene Gelb- und Orangetöne bis zu Blau und Violett. Die Pflanzen können im Haus vorgetrieben und nach der Blüte in den Garten gepflanzt werden, wo sie gern verwildern. Vermehrung durch Teilung während der Ruhezeit der Pflanze, nachdem das Laub eingezogen ist.

Cyclamen coum

H 7,5 cm S 10 cm
Schatten
Gut durchlässig
Beliebig Z6

Das erstaunlich winterharte niedrige Vorfrühlings-Alpenveilchen ist eine krautige Knollenpflanze. An gekrümmten rötlichen Stielen sitzen breitovale dunkelgrüne Blätter mit silbriger oder grauer Zeichnung. Im Winter treibt es zart duftende Blüten in verschiedenen Schattierungen von Rosa bis Karminrot, die oft dicht gedrängt in Gruppen erscheinen. *C. coum* fo. *albissimum* hat weiße Blüten mit dunkelvioletter Zeichnung. Durch Aussaat direkt nach der Samenreife lässt sich die Pflanze vermehren.

Cymbidium

H 60 cm S 1 m
Halbschatten
Gut durchlässig
Beliebig Z9

Die relativ unkomplizierten Orchideen aus Südostasien und Australien haben sich in den letzten Jahren zu beliebten Zimmerpflanzen entwickelt. Besonders gut geeignet sind moderne Sorten mit kleinen Pseudobulben. Die bis zu 40 cm langen, riemenförmigen Blätter sind meist hell- bis mittelgrün. Über ihnen erheben sich lange, gebogene Stiele, die in einer einzigen Saison bis zu 30 schwach duftende Blüten von 8 cm Durchmesser tragen. Das Spektrum der Blütenfarben reicht von schwärzlichem Rot über verschiedene Rosa- und Gelbtöne bis zu Weiß. Selbst grünliche Blüten kommen vor. Vermehrung durch Teilung nach der Blüte.

STAUDEN, ZWIEBEL- & KNOLLENPFLANZEN

Eranthis
H 7,5 cm S 5 cm
Sonne/Schatten
Gut durchlässig
Beliebig Z5

Der Kleine Winterling (*E. hyemalis*) wird wegen seiner dottergelben, an Hahnenfuß erinnernde Blüten geschätzt, die sich im Spätwinter und zeitigen Frühling an schlanken grünen Stielen über den Blattrosetten erheben. Die Blüten haben einen zarten, süßlichen Duft. *E.* x *tubergenii* ist eine etwas früher blühende Kreuzung aus *E. cilicica* und *E. hyemalis*. Die Sorte *E.* x *tubergenii* 'Guinea Gold' trägt Blüten in dunklerem Gelb mit feinem, süßen Duft. Winterlinge werden den Knollengewächsen zugeordnet, sind aber eigentlich Rhizomstauden mit attraktiven, tief eingeschnittenen hellgrünen Blättern. Vermehrung durch Teilung während der Ruhezeit nach dem Einziehen der Blätter.

Galanthus nivalis
H 10 cm S 10 cm
Halbschatten
Gut durchlässig
Beliebig Z4

Das Kleine Schneeglöckchen ist ein ungemein robuster Zwiebelblüher für den Winter, der schnell große Horste bildet. Schlanke Stiele tragen ab Mitte des Winters bis zum Vorfrühling einzelne, hängende weiße Blüten mit zartem Honigduft. Die schmalen Blätter sind matt grün mit bläulichem Schimmer und erscheinen meist paarweise zu beiden Seiten des Blütenstiels. Es gibt einige reizvolle Sorten, darunter 'Flore-pleno' (gefüllt, weiß) und 'Samuel Arnott' (4 cm lange Blüten). Vermehrung durch Teilung der Horste unmittelbar nach der Blüte und im Gegensatz zu anderen Zwiebelblühern vor dem Einziehen des Laubes.

Narcissus papyraceus
H 40 cm S 5–15 cm
Sonne
Mäßig feucht
Beliebig Z8

Die Weihnachts-Narzisse kommt häufig unter dem Sortennamen 'Paper White' in den Handel. Sie hat lange, schlanke mittelgrüne Blätter, die straff aufrecht stehen. In der Mitte jedes Blattbüschels erhebt sich ein runder, mittelgrüner Stiel mit bis zu 10 schneeweißen Blüten, die intensiv duften. Wenngleich diese Narzisse im Winter blüht, ist sie weniger frosttolerant als andere Arten und braucht einen Kälteschutz. Alle 3–5 Jahre sollten die Horste 6 Wochen nach der Blüte ausgegraben und geteilt werden.

GLOSSAR & REGISTER

GLOSSAR

A

Abhärten Das allmähliche Gewöhnen von Jungpflanzen an die kühleren Witterungsverhältnisse im Freiland.
Absenker Eine Vermehrungsmethode, die darauf beruht, dass die Triebe mancher Pflanzen bei Bodenkontakt leicht bewurzeln. Ist das Wurzelwerk des Triebes gut ausgebildet, kann er von der Mutterpflanze getrennt werden.
Ätherische Öle *Flüchtige Öle*, die Pflanzen ihren typischen Geruch und Geschmack verleihen. Sie werden normalerweise in den Kelch- und Kronblättern einer Pflanze gespeichert, kommen aber auch in Blättern, Rinde und Wurzeln vor.
Akklimatisieren Pflanzen an Bedingungen (meist kältere) gewöhnen, die sich von ihren bisherigen Wachstumsbedingungen unterscheiden.
Alkalisch Eine Substanz mit einem *pH-Wert* über 7. Synonym: basisch.
Alternierend Blätter oder Knospen, die abwechselnd an gegenüberliegenden Seiten des Triebes stehen.
Anzuchtgewächshaus Ein Anzuchtkasten mit einer Haube aus transpa-

rentem Kunststoff, in dem Sämlinge und Jungpflanzen vor Zugluft geschützt sind und ein optimales, feuchtwarmes Klima vorfinden.
Auge Knospe. »Schlafendes Auge«: ruhende Knospe, die längere Zeit entwicklungsfähig bleibt.
Ausknipsen Das Entfernen der Wachstumsspitze eines Triebes, um die Verzweigung des Triebes anzuregen.
Ausläufer Ein oberirdischer oder unterirdischer Seitenspross, der waagerecht dicht über dem Boden wächst, sich bewurzelt und eine neue Pflanze bildet.
Aussaatschale Eine Schale mit niedrigem Rand, die zur Anzucht von Jungpflanzen aus Samen oder *Stecklingen* verwendet wird.
Axillarknospe Eine Knospe in der Blattachsel.

B

Ballenware Pflanzen, die ohne Container verkauft werden. Die Wurzeln und der anhaftende Erdballen werden normalerweise in Sackleinen gewickelt.
Basaltrieb Ein Trieb, der aus der Basis einer Pflanze entspringt.
Basisdüngung Die Versorgung des Bodens mit Dünger oder organischer Substanz (z. B. Kompost) vor der Aussaat oder Pflanzung.
Bedingt winterhart Bezeichnung für Pflanzen, die niedrige Temperaturen vertragen, aber keinen Frost. Diese Pflanzen benötigen im Garten einen speziellen Winterschutz.
Bodendecker Bezeichnung für niedrige Pflanzen, die sich flächig ausbreiten oder Matten bilden.
Bulbe Manche Zwiebelgewächse bilden winzige Bulben (Stängelbulben) oder bulbenähnliche Brutzwiebeln (Bulbillen), die man zur Vermehrung leicht ablösen kann.

C

Chlorophyll Blattgrün; grüne, fotosynthetisch aktive Farbstoffe.

D

Destillation Das Erhitzen einer Flüssigkeit, um sie im Dampfstadium in ihre verschiedenen Bestandteile zu zerlegen.

E

Edelreis Trieb oder Teil eines Triebes, der auf eine Unterlage aufgepfropft wird.
Einjährige Pflanzen, die nur einmal blühen und fruchten.
Erziehen Das Erzwingen einer bestimmten Wuchsform durch Anbinden oder Schnittmaßnahmen.

F

Flüchtiges Öl Ein Öl, das leicht verdunstet (z. B. Lavendel). Es riecht auch schwächer als langsam flüchtige Öle wie etwa Patchouli und Zeder.
Fotosynthese Ein Vorgang, bei dem die für das Pflanzenwachstum notwendigen Nährstoffe aus *Chlorophyll*, Lichtenergie, Kohlendioxid und Wasser hergestellt werden.
Frostempfindlich Eine Pflanze, die keine Temperaturen unter dem Gefrierpunkt überlebt.
Fungizid Ein chemisches Pflanzenschutzmittel zur Bekämpfung von Pilzbefall.

H

Halbreifer Steckling Diesjähriger Trieb, der gerade zu verholzen beginnt. Die Basis kann schon vollständig verholzt sein, die Spitze ist aber noch weich und im aktiven Wachstum.
Herabbinden Eine Methode, Triebe durch Anbinden in eine waagerechte Wuchsrichtung zu zwingen, z. B. an einem Spalier.
Herbizid Chemisches Unkrautvernichtungsmittel.
Hochbeet Ein erhöhtes Beet, dessen Erde durch Mauern oder andere Strukturen gehalten wird.
Hochblätter Umgebildete Blätter, die oft leuchtend gefärbt sind und wie Blüten aussehen. Typisch für Pflanzen, deren eigentliche Blüten zu unscheinbar sind, um bestäubende Insekten anzulocken (z. B. Weihnachtsstern, Bougainvillea, Clematis).
Hybride Eine Pflanze, die durch Kreuzung zweier genetisch unterschiedlicher Elternpflanzen entstanden ist.

I

Immergrüne Pflanzen, die auch im Winter grünes Laub tragen und aktiv wachsen.
Indol Ein natürlicher Pflanzeninhaltsstoff, der bei einigen Pflanzen einen fauligen Geruch verursacht (z. B. *Rosa foetida*), bei anderen dagegen einen schwer-süßen Duft (z. B. Lilien und Jonquillen).
Insektizid Chemisches Mittel zur Bekämpfung von Insekten.

K

Kalkflieher Eine Pflanze, die sauren Boden (*pH-Wert* unter 6,5) benötigt und auf alkalischem, meist kalkhaltigem Boden (*pH-Wert* über 7) nicht gedeiht.
Kallus Pflanzengewebe, das sich als Schutz über Schnittflächen oder anderen Wunden bildet.
Kalter Kasten Ein fest installierter oder transportabler Kasten mit einem Deckel aus Glas oder transparentem Kunststoff, der Jungpflanzen Wetterschutz bietet.
Keimblatt Das erste Blatt oder Blattpaar, das aus einem Samen erscheint. Oft unterscheidet es sich in der Form von den späteren Blättern der Pflanze. Man unterscheidet zwischen Einkeimblättrigen (Monokotyledonen), d. h. Pflanzen, aus deren Samen ein Keimblatt entspringt (z. B. Gras), und Zweikeimblättrigen (Dikotyledonen), aus deren Samen zwei Keimblätter sprießen (z. B. Sonnenblume).
Kelchblätter (*Sepalen*) Die äußeren, grünen Blätter, die die eigentlichen Blüten- oder Kronblätter (*Petalen*) umgeben.
Klon Eine Jungpflanze, die auf vegetativem (ungeschlechtlichem) Wege aus einer Mutterpflanze entstanden ist und dieser genetisch exakt gleicht.
Knolle Verdickte Wurzeln, verdickte Ausläufer oder Sprossachsen, die zu Speicherorganen umgebildet sind.
Kompost Organische Substanz, die aus verrotteten Pflanzenteilen (z. B. Garten- und Gemüseabfällen) entsteht und als Mulchmaterial oder zur Bodenverbesserung verwendet wird.
Koniferen Nadelgehölze. Alle Koniferen bilden Zapfen, die nackte (d. h. frei am Fruchtblatt stehende) Samen enthalten.
Kopfdüngung Dünger oder organische Substanz wird auf dem Boden rings um die Wurzeln von Pflanzen aufgebracht. Das Material kann auch leicht in die Bodenoberfläche eingearbeitet werden.

Kopfstecklinge *Stecklinge*, bei denen man die weiche Spitze belässt. Sie werden meist im Hochsommer geschnitten.

L

Lateraltrieb Ein Seitentrieb, der aus einer *Axillarknospe* entspringt.
Leittrieb Der Haupttrieb einer Pflanze. Bei Bäumen meist der mittlere, längste Trieb, an dem man sich beim Erziehungsschnitt orientiert.

M

Mazeration Eine Methode, bei der Blüten ihre Duftstoffe mithilfe von Öl entzogen werden.
Mehrjährig Pflanzen, die erst nach mehreren Jahren Blüten und Früchte bilden, dann aber (im Gegensatz zu ausdauernden Pflanzen) absterben.

Monözisch »Einhäusig«: Arten, bei denen die Pflanzen zugleich männliche und weibliche Blüten tragen.
Mulch Ein Material, das zur Abdeckung auf den Gartenboden gegeben wird. Man unterscheidet zwischen organischen Mulchmaterialien wie Holzhackschnitzeln, die mit der Zeit verrotten und die Bodenstruktur verbessern, und anorganischen Mulchmaterialien wie Kies, die dekorativ aussehen sowie die Verdunstung von Bodenfeuchtigkeit und den Unkrautwuchs eindämmen.
Mutation Spontane genetische Veränderung oder Variation, durch die einzelne äußere Merkmale zufällig verändert sein können. Wird bei Zierpflanzen wie Rosen auch als »Sport« bezeichnet.

N

Nematoden Winzige Fadenwürmer. Einige Arten befallen als »Schädlinge« Blätter und Stängel von Pflanzen. Parasitäre Nematodenarten dagegen töten die Larven und Puppen von Dickmaulrüsslern oder Gartenlaubkäfern und sind als »Nützlinge« in Präparaten zur biologischen Schädlingsbekämpfung erhältlich.

O

Okulieren Eine Art der Veredelung, die hauptsächlich bei Rosen und Obstgehölzen angewandt wird. Man benötigt eine als *Unterlage* bezeichnete Mutterpflanze, in deren Wurzelhals (bei Rosen) ein Auge, d.h. eine Knospe eingesetzt wird.
Olfaktorisch Auf den Geruchssinn bezogen.

P

Panaschiert Pflanzenteile (normalerweise Blätter), die ein weißes oder gelbes Muster aus unregelmäßigen Flecken auf grünem Grund tragen.
Perigon Blütenhülle, die aus zwei untereinander in Form, Größe, Farbe mehr oder weniger gleichartigen Kreisen besteht (z.B. bei Tulpen).
Pestizid Oberbegriff für Chemikalien, die zur Krankheits- und Schädlingsbekämpfung eingesetzt werden.
Petalen Blütenblätter, meist lebhaft gefärbt.
Pfropfen Eine Vermehrungstechnik, bei der zwei oder mehr Pflanzen miteinander so verbunden werden, dass sie wie eine funktionieren. Die Unterlagenpflanze stellt ihr Wurzelsystem zur Verfügung, vom Pfropfreis kommt das erwünschte oberirdische Wachstum.
pH-Wert Eine Einheit zum Bestimmen des Säuregehaltes einer Substanz, z.B. des Gartenbodens oder Teichwassers. Die pH-Skala umfasst Werte von 0 bis 14. Der Neutralwert liegt bei 7. Ein Wert von 0 ist extrem sauer, ein Wert von 14 extrem alkalisch.
Phyllodien Organe, die überwiegend aus abgeflachten, verbreiterten Blattstielen hervorgegangen sind. Innerhalb der Gattung *Acacia* z.B. sind die Phyllodien sehr unterschiedlich ausgeprägt: Die Phyllodien können flach oder rundlich, nadelförmig klein oder bis zu 25 cm lang sein. Sie übernehmen die Funktion der Blattspreiten (dem flächig verbreiterten Teil des Blatts).

R

Rambler Bezeichnung für eine besonders wüchsige Gruppe von Kletterrosen. Rambler treiben jedes Jahr von der Basis neue Triebe und blühen besonders reichlich am vorjährigen Holz.
Rhizom Ein unterirdisches Speicherorgan von Pflanzen, das sich aus einem umgebildeten, meist waagerecht im Boden liegenden Spross entwickelt hat.
Rissling *Stecklinge* (v.a. *halbreife*), die man dadurch gewinnt, dass man ein kleines Stück Seitentrieb so abzieht, dass ein Teil der Rinde des Haupttriebs erhalten bleibt.

S

Sepalen Kelchblätter; meist grün, manchmal auch gefärbt.
Skarifizien Das gezielte Beschädigen der Samenhülle, um die Keimung anzuregen; bei sehr harten Samenhüllen beispielsweise durch Anfeilen oder Anritzen.
Sommergrün Pflanzen, die im Frühling neue Blätter treiben und sie im Herbst abwerfen.
Sorte Eine Pflanze, die durch Zucht entstanden ist und in freier Wildbahn nicht natürlich vorkommt.
Sporn Hohler Fortsatz eines Kronblatts.
Staude Eine nicht verholzende Pflanze mit mehrjährigem Wurzelsystem oder unterirdischem Speicherorgan und sommergrünen oberirdischen Teilen.
Steckling Ein Teil, der von der Pflanze abgetrennt und zur Vermehrung verwendet wird. Man unterscheidet z.B. *halbreife Stecklinge, Weichholzstecklinge, Steckhölzer, Risslinge* oder *Wurzelschnittlinge* u.a.m.

Steckholz Lange Stücke von ausgereiften jungen Trieben (nach dem Laubfall), die als *Stecklinge* verwendet werden.
Stratifizieren Eine gezielte Behandlung von Samen mit Kälte oder Wärme, um sie zur Keimung anzuregen.
Sublateraler Trieb Ein Trieb, der aus einer *Axillarknospe* eines Seitentriebs entspringt.

T

Tannin Ein pflanzlicher Inhaltsstoff mit adstringierender (zusammenziehender) Wirkung.
Teilung Eine Methode der Pflanzenvermehrung, bei der man die Mutterpflanze in mehrere Stücke teilt, die anschließend separat eingepflanzt werden.
Terminalknospe Die oberste Knospe an einem aktiven Trieb.

U

Unterlage (auch Veredelungsunterlage) Wurzel und unterer Stamm einer Pflanze, auf die ein Edelreis einer anderen Art aufgepfropft wird.

V

Vegetativer Trieb Ein nicht blühender Trieb.
Vlies (Gartenvlies) Ein leichtes Spezialgewebe, das zur Isolierung oder als Schutz vor Schadinsekten über Pflanzen gelegt wird.

W

Wasserreiser Triebe, die sich aus ruhenden Knospen am Haupttrieb einer Pflanze entwickeln.
Weichholzsteckling Neuaustrieb, der im Frühjahr oder Frühsommer geschnitten wird, ehe er zu verholzen beginnt; meist von schnell wachsenden jungen Triebspitzen gewonnen.
Winterhart Pflanzen, die Temperaturen unter dem Gefrierpunkt ohne zusätzlichen Schutz vertragen.
Wirtel Drei oder mehr Blätter oder Seitentriebe, die auf gleicher Höhe aus einem Trieb entspringen.
Wurzelnackt Pflanzen, die ohne Erde an den Wurzeln verkauft werden. Meist werden sie unmittelbar vor der Lieferung in der Baumschule ausgegraben.
Wurzelschnitt Der Rückschnitt der Wurzel, um den Wuchs einer Pflanze zu kontrollieren.
Wurzelschnittlinge Stecklinge aus gesunden, kräftigen Wurzelteilen.

Z

Zweijährige Pflanzen, deren Lebenszyklus sich über zwei Jahre erstreckt. Im ersten Jahr keimen Samen, es bilden sich Wurzeln und es entsteht eine blütenlose Jungpflanze. Im zweiten Jahr bildet die Pflanze Blüten und Samen und stirbt dann ab (z.B. Fingerhut).
Zwiebel Ein unterirdisches Speicherorgan aus fleischig verdickten Blättern, die rings um eine kurze, gestauchte Sprossachse angeordnet sind.
Zwiebelschuppen Teile einer Zwiebel, die aus umgebildeten Blättern entstanden sind und zur Vermehrung verwendet werden können, z.B. bei Lilien.

REGISTER

Kursiv gesetzte Seitenzahlen verweisen auf Abbildungen.

REGISTER

T

U

V

W

Y

Z

DANK

Die Autoren danken Janis Wales, Alice, Alistair, Con, Gary und Mark von 'Gardening Which' am Capel Manor College, Middlesex. Julie Ryan und dem Team von Capel Manor, vor allem Ian, Carl, Peter und Terry. Craig und dem Team des Frensham Garden Centre, Frensham, Surrey. Den Fotografen Andrea Jones und Mark Winwood. Fiona und Linda von Limelight Management. Iain MacGregor, Anna Osborn und Anna Cheifetz von Murdoch Books. Chris und Nick Bradley für ihre Geduld während der Arbeit.

Andrea Jones dankt allen Gärtnern und Gartenbesitzern in Europa und den USA, die bei der Auswahl der Pflanzen für die Fotos in diesem Buch mitgewirkt haben. Besonderer Dank an Peter Gregory für seine beständige Unterstützung.

Bildnachweis

Fotos mit freundlicher Genehmigung von The Alhambra, Granada, Spain (S.90, 142); David Austin Roses, Wolverhampton (S. 42, 84, 117 links, 189 rechts); Brightstone and District Horticultural Society, Chelsea flower show 2001 (S. 38); Andreas Bruun, Køge, Denmark (S. 68); Chanticleer Gardens, Philadelphia, PA, USA (S. 46); Crûg Farm Plants, Caernarfon, North Wales (S. 48, 164, 180 rechts); Alex Dingwall-Main, Luberon Valley, France (S. 49); Peter and Catherine Erskine, Cambo Gardens, Kingsbarns, Fife, Scotland (S. 39, 40-41, 45, 74, 155 links, 188 rechts); Fleur Trouvé (Titelfoto, S. 67 oben rechts, 81, 124, 149); Glamis Castle, Scotland (S. 7, 37); Eva and Roland Gustavsson, Sweden (S. 67 rechts, 69 rechts); Heronswood Nursery, Kingston, WA, USA (S. 75 Mitte); Keukenhof Gardens, Lisse, Holland (S. 50, 54); The Marchioness of Salisbury, Hatfield House, Hertfordshire (S. 8, 16, 151 rechts); Mr and Mrs T.K. Marshall, Hunts Court, North Nibley, Gloucestershire (S. 189 links); National Trust for Scotland, Crathes Castle, Banchory, Scotland (S. 108); Natural Driftwood Sculptures, Bournemouth (S. 9, 188 links); Norfolk Lavender Farm, Heacham (S. 24); El Novillero, Napa Valley, CA, USA (S. 118 Mitte, 120 Mitte); Royal Botanic Gardens, Kew (S. 86, 95 und verschiedene Pflanzenportraits); RHS Gardens Wisley, Surrey (S. 149 rechts und verschiedene Pflanzenportraits); St Andrews Botanic Gardens, Fife, Scotland (S. 109, 186 rechts); Westonbirt Arboretum, (S. 111 rechts, 147 Mitte); Major M.T.N.H. Wills, Miserdon Park Gardens, Stroud, Gloucestershire (S. 92, 126, 146 Mitte).

Bezugsquellen
Anbieter für den Bausatz eines Grassessels (S. 134-135): www.nur4.de/terra

DORLING KINDERSLEY
London, New York, Melbourne, München und Delhi

Cheflektorat Anna Cheifetz
Projektbetreuung Michelle Pickering
Gestaltung Sarah Rock
Pflanzenporträt- und Gartenfotografie Andrea Jones
Sonstige Fotografien Mark Winwood

CEO Robert Oerton
Programmleitung Catie Ziller
Herstellungsleitung Lucy Byrne

Für die deutsche Ausgabe
Programmleitung Monika Schlitzer
Projektbetreuung Regina Franke
Herstellungsleitung Dorothee Whittaker
Herstellung Gerd Wiechcinski

Bibliografische Information Der Deutschen Bibliothek
Die Deutsche Bibliothek verzeichnet diese Publikation in der
Deutschen Nationalbibliografie;
detaillierte bibliografische Daten sind im Internet über http://dnb.ddb.de abrufbar.

Titel der englischen Originalausgabe: Fragrant Gardening

Übersetzung Wiebke Krabbe (S. 4–48, 125–192), Susanne Vogel (S. 51–123)

ISBN 3-8310-0873-6

Druck und Bindung Firmengruppe Appl, Wemding

Besuchen Sie uns im Internet
www.dk.com